青少年"优能力"成长手册

情绪自控力

青少年战胜愤怒的行动计划

[美] 瑞秋·卡萨达·洛曼
（Raychelle Cassada Lohmann）著
陈筱迪 译

机械工业出版社
CHINA MACHINE PRESS

The Anger Workbook for Teens: Activities to Help You Deal With Anger and Frustration by Raychelle Cassada Lohmann / ISBN: 9781572246997

Copyright © 2009 by Raychelle Cassada Lohmann

This edition arranged with New Harbinger Publications through Big Apple Agency, Inc., Labuan, Malaysia.

Simplified Chinese edition Copyright © 2018 China Machine Press

All right reserved.

本书由 New Harbinger Publications 授权机械工业出版社在中华人民共和国境内（不包括香港、澳门特别行政区及台湾地区）出版与发行。未经许可的出口，视为违反著作权法，将受法律制裁。

北京市版权局著作权合同登记 图字：01-2017-8026 号。

图书在版编目（CIP）数据

情绪自控力. 青少年战胜愤怒的行动计划／（美）瑞秋·卡萨达·洛曼著；陈筱迪译. —北京：机械工业出版社，2018.5（2021.1重印）

（青少年"优能力"成长手册）

书名原文：The Anger Workbook for Teens

ISBN 978-7-111-59796-4

Ⅰ. ①情… Ⅱ. ①瑞… ②陈… Ⅲ. ①情绪-自我控制-青少年读物 Ⅳ. ①B842.6-49

中国版本图书馆 CIP 数据核字（2018）第 086627 号

机械工业出版社（北京市百万庄大街22号 邮政编码100037）
策划编辑：陈 伟　　责任编辑：陈 伟　於 薇
责任校对：刘秀芝　　封面设计：吕凤英
责任印制：张 博

三河市国英印务有限公司印刷

2021年1月第1版·第2次印刷
145mm×210mm·5印张·72千字
标准书号：ISBN 978-7-111-59796-4
定价：36.00元

凡购本书，如有缺页、倒页、脱页，由本社发行部调换

电话服务　　　　　　　　　网络服务
服务咨询热线：010-88361066　机 工 官 网：www.cmpbook.com
读者购书热线：010-68326294　机 工 官 博：weibo.com/cmp1952
　　　　　　　010-88379203　金 书 网：www.golden-book.com
　　　　　　　　　　　　　　教育服务网：www.cmpedu.com
封面无防伪标均为盗版

推荐序

胜任未来：以"优能力"助力青少年终身成长

如果要概括性地评价中国式的基础教育，有一个显而易见的核心现象，那就是包括学校教师、家长在内的绝大部分教育者，都相对擅长教给孩子知识，擅长教育出优秀的成绩，而在培养孩子优秀的终身学习能力、核心人格素养方面，就有点捉襟见肘了。

如果顺着一个因果逻辑——"教育理念—教育过程—教育结果"来看的话，我们会清晰地发现：因为教育者的教育理念以培养成绩好的孩子为核心目标，便有了以学业学习为主、追求学习成绩的教育过程，因而也产生了相应的教育结果，那就是培养出了一批在学习成绩上优秀甚至出类拔萃的孩子，而那些学习成绩不好的孩子则成为这种教育逻辑下的"残次品"。今天，我们开始越来越多地反思这种教育理念。我们越来越多地发现，一个拥有优秀学习品质和人格特质的孩子，会比一个躺在中考、高考成绩簿上的优等生在未来走得更远；我们越来越多地看到，优秀的学习品质和人格特质远比一时的学习成绩对孩子更加有益。

　　青少年阶段是人生的关键阶段之一，既面临成长的挑战，又充满了发展的契机。经历着身体发育高峰期的青少年在外形上与成人的差异迅速缩小，但事实上，他们的心理发展水平却远远没有成熟。在这个阶段，青少年会开始变得更加关注自己的外表，更加以自我为中心并构筑丰富的内心世界，更容易产生情绪波动甚至与父母、老师发生冲突，更加关注伙伴关系并且非常注重他人的评价，也更容易出现学习动机问题、产生厌学情绪……青少年正经历着自己从来没有经历过的东西，出现了更加多元的成长性需求。作为教育者，无论是父母的角色，还是教师的角色，如果仍然只把关注点聚焦在学习成绩上，而忽略了青少年其他方面的成长需求，就容易出现问题了。

　　前一段时间发生了一起某高三学生因为未能控制住爆发的情绪将班主任刺死的悲剧，我也专门就此事撰写了评论。这个案例虽然属于极端个案，但类似的事情其实并不少见。这类事件发生的根本原因就在于，完全以成绩为导向的教育行为，压抑了孩子其他方面的成长需求。教育者除了是知识的传授者，更应该是孩子成长的陪伴者，要倾听他们成长的声音，给他们更多自主的空间，让他们能够真正放飞自我，健康成长。成绩不是一切，成长却伴随终身，着眼孩子的一生，培养孩子的终身学习能力、人格素养，远比眼前的成绩重要！单纯的知识学习不能应对未来变化日新月异的社会，只有具备优秀的终身学习能力和人格素养，才能胜任未来！

我认为，拥有优秀的终身学习能力和人格素养的人，应该有一个完善的自我认知，拥有健康的自尊和自信，对未来乐观积极，能够很好地管理自己的情绪和行为，能够迎难而上去努力实现自己的目标。这样的人取得优异的成绩甚至卓越的成就，我相信只是时间早晚的问题。正是基于这样的理解，围绕发展青少年的终身学习能力和核心人格素养的目标，一套不错的图书产品——"青少年'优能力'成长手册"应运而生。我们这里提出的"优能力"，既有从字面上理解的"优秀能力"之意，也一定程度上体现了优能中学的品牌力。

这套由新东方优能中学和机械工业出版社联合打造的成长手册，由美国资深心理学家撰写，严格遵循心理学方法，讲究科学性，涵盖执行力、坚毅力、自信力、积极思维力、情绪自控力等影响孩子终身竞争力的核心主题。我们专门组织了一批有哈佛、北大、清华、北师大等国内外名校教育学、心理学学术背景的青年学者将其翻译成了中文。值得一提的是，这套书最大的特点就是它们全部是可付诸实践的，每本书都提供一个详尽的行动计划，实用性及操作性很强，非常适合青少年作为自我成长的行动计划来使用，也适合家长、教师作为参考书来阅读。

开卷有益，希望这套书能够为中国孩子们的终身发展尽绵薄之力！

新东方创始人、新东方教育科技集团董事长　俞敏洪

原版推荐序

我很荣幸为瑞秋的书写推荐序。我有幸与瑞秋共事，见证了她精准又有前瞻性的咨询技巧。作为高中的校园心理辅导老师，我们总是不断地在和与愤怒情绪相关的各种问题打交道。瑞秋总是能心平气和，泰然自若——想要平息青少年的愤怒，这些特质是必需的。

愤怒是一种正常现象，有时甚至是必要的情绪。只有当它影响到学业、家庭和社会关系的时候，它才是一个问题。很多年前，瑞秋向我提起过写这本书的想法。在学校的工作中，她不断地使用着她的工具和技巧。她记录下那些有效的，排除掉那些没用的。因此，本书里的每一个活动都是经过实践验证的。

本书是一本极为出色的帮助青少年探索、了解和控制情绪的工具书。认识到问题的根源是解决它至关重要的一步。这本书会教读者找到自己愤怒的源头，还会指导如何快速识别那些激怒他们的场景。而且，本书里的活动不费时、不矫情，也不会过于死板。

事实上，在 2009 年 4 月，学年有六周就要结束的时候，因为要为写序做准备，我收到了这本书的手稿复印件。那时候，我有一个学生经常因为课上突发的暴脾气被赶出教室。我试遍了所有能帮他的方法，但都没有什么效果。有些气馁的我翻开了瑞秋的手稿，在里面找到了几个活动练习。我们一起画了他的"家庭树"，发现他的父亲处理愤怒情绪的方式和他一模一样。接下来，我们谈论了愤怒情绪的发展阶段，并很快意识到，当他认为老师在让他难为情或者忽视他的时候，他很容易怒火上身。我们一起学习了几种不同的在课堂上提问的方式，以及管理愤怒情绪的方法。这个时候，他似乎已经愿意主动去探索他总是被送来见我的原因了。当发现自己的肢体语言和自以为是的态度经常惹老师生气以后，他找到了一些更恰当的方式来提问和满足自己的需求。在这学年剩下的日子里，他再也没有被赶出教室。他给我写了一张感谢卡，感谢我帮助他获得如此大的改变。能得到他这样的赞扬实在是太难得了！

无论你是青少年、老师、家长还是咨询师，你都能从本书中受益良多。本书绝对是市面上我看到的写得最好的一本青少年愤怒情绪管理方面的书。我很感激我们有了这么有效的一个工具！作为青少年，愿意去学习如何管理愤怒情绪是多么了不起的一件事！掌声送给每一位愿意走出舒适区来挑战自己的青少年！

朱莉亚·V. 泰勒

| 前　言 |

亲爱的读者：

　　你是否经常因为发火而备受困扰？你是否对自己处理问题的一些方式感到过后悔？你的愤怒是否成为人际交往中的障碍？你是否受够了被怒火控制？如果对于以上任何一个问题，你的答案是肯定的，那么，本书就是为你而写的。

　　首先，我希望你了解，愤怒是人类与生俱来的一种很自然的情绪，只不过每个人应对愤怒的反应有所不同。有的人憋在心里，让愤怒一点点累积；有的人用伤人的语言或者打架来释放愤怒；还有的人干脆大发雷霆。不管你用哪种方式处理心中的愤怒情绪，你现在读这本书，都是因为你自己或者关心你的家人朋友认为你在管理愤怒情绪方面需要一些帮助。

　　你并不是孤身一人。愤怒情绪影响着上百万青少年，他们中的大多数经常觉得孤独、沮丧。他们可能觉得自己身边的情感关系没那么有意义，又或者他们已经累得不愿意再操心了。

  本书里的活动会教你发现激怒你的缘由，以及如何在不生气的情况下处理棘手的难题，还有如何有效地表达你的感受。最重要的是，这些活动能帮助你改变你应对愤怒情绪的方式。改变并不容易，但是，有了正确的心态和技能，你是可以做到的！让我们一起开始吧！

  祝你成功！

瑞秋·卡萨达·洛曼

| 目　录 |

推荐序　胜任未来：以"优能力"助力青少年终身成长
原版推荐序
前言

01　你的"愤怒"画像 …………………………… 001
02　设定一个计划表 ……………………………… 006
03　制订你的目标和行动方案 …………………… 011
04　奖励自己 ……………………………………… 016
05　记录"愤怒"日志 …………………………… 020
06　识别触发你"愤怒"的缘由 ………………… 024
07　理解你原生家庭的行为模式 ………………… 028
08　身体对"愤怒"的反应 ……………………… 032
09　战斗或者逃跑 ………………………………… 036
10　掩饰你的情绪 ………………………………… 041
11　媒体与"愤怒" ……………………………… 044
12　使用"愤怒"达到积极的效果 ……………… 048
13　冷静一下 ……………………………………… 052
14　写作 …………………………………………… 055
15　笑对"愤怒" ………………………………… 058

16	度一次"精神假期"	061
17	象征性地释放"愤怒"	064
18	放松技巧	068
19	有建设性地处理"愤怒"	071
20	"愤怒"合同	076
21	为自己的行为负责	079
22	保持洞察	083
23	了解事实	087
24	"愤怒"情绪的发展阶段	091
25	感知	095
26	权衡行为选择的利弊	098
27	调节愤怒的 ABC 模型	101
28	处理冲突	105
29	使用"我信息"	111
30	认真倾听	116
31	赞美他人	120
32	身体语言	123
33	清晰地沟通	126
34	学会自信果敢	131
35	迈开改变的步伐	135
36	回顾进展	140
37	成就证书	143

01 你的"愤怒"画像

你需要知道的

> 每个人对"愤怒"的体验都不一样。因此,对自己的"愤怒"有清楚的认知至关重要。这种自我认知能帮助你在"愤怒"变得不可控制之前及时刹车。现在,让我们来一起为你的"愤怒"做一个画像,帮助你更好地了解它是如何影响你的行为的。

泰伦斯今天过得非常郁闷。他的英文老师威廉发现他好像在为什么而生气。"哦不,"威廉老师暗自想,"泰伦斯又陷入了情绪低潮期。他是个聪明又有天赋的孩子,可是这样下去,他的脾气一定会让他吃苦头的。"

下课以后,威廉老师把泰伦斯叫了过来,语重心长地说:"泰伦斯,你对所有的事情都认真负责,可是你的脾气现在影响了你的学习,我真为你担心啊!今年,你已经停课了三次,还总是被叫去校长办公室。让我帮帮你吧。你觉得呢?"

泰伦斯知道威廉老师说得有理。他点点头:"嗯,好……"

"太好了,"威廉老师说,"我们先来仔细看看你的'愤怒'情绪到底是怎样的。等我们摸清它对你的影响以后,就可以开始着手计划怎么更好地管理它了。"

你需要做的

这个活动能帮助你了解你的"愤怒"情绪给你的生活带来了怎样的影响。

仔细阅读下面的语句,结合自身情况,选择"是"或"否"。

	是	否
人们常常议论我的"愤怒"情绪。	☐	☐
我的"愤怒"情绪给我带来大麻烦。	☐	☐
有的时候,我会愤怒到不记得自己做了什么。	☐	☐

我家中的其他人也有处理愤怒情绪
不当的问题。　　　　　　　　　□ 是　□ 否

在愤怒的时候，我打过或者伤害过别人。□ 是　□ 否

我常常觉得自己是受害者。　　　□ 是　□ 否

我常常觉得没有人理解我。　　　□ 是　□ 否

针对下面的语句，请圈出最切合你自身情况的一个程度数字。

我不太容易控制我的愤怒。

1	2	3	4	5
强烈反对	反对	中立	同意	强烈同意

一般来说，我变得非常愤怒的频率是_____。

1	2	3	4	5
一月一次	两周一次	一周一次	几天一次	每天

当我愤怒的时候，我最有可能_____。

1	2	3	4	5
回避	哭泣	尖叫	击打物品	摧毁物品

你选择的"是"越多、得分越高，意味着"愤怒"情绪对你的生活影响越大。通过做这本书里的活动练习，你将学会如何更好地处理自己的"愤怒"情绪。

你还可以这样做

你的"愤怒"情绪是否曾在身体上或者心理上给你带来过伤害?这些伤害是如何产生的?
_____
_____
_____

你是否曾经把你的"愤怒"情绪归罪于别人?如果有的话,请写下一个详细的例子。(比如,你曾指责别人,或者推卸自己的责任。)
_____
_____
_____

当你愤怒的时候,你是否经常会说一些让自己后悔的话,或者做一些让自己后悔的事?如果有的话,请写下一个详细的例子。
_____
_____
_____

你愤怒的时候会用哪些方法平复自己的心情？它们有用吗？

_____

_____

_____

如果你能改变自己的某一个方面，你希望是哪个方面？

_____

_____

_____

02 设定一个计划表

你需要知道的

> 当你遇到一些不断引发麻烦的问题时,要解决它们,设定一个计划表是非常有效的方式。当你为某件事设置了优先级,你便会更有动力去完成它。你的动力越足,你就会越努力地去改变。

本书接下来还有 36 个活动。如果你每天做一个活动,你很快就能完成整本书,但你不会从中受益太多。相反,如果你每周做两到三个活动,你将会有更多的时间去思考你的所学,并把它们更好地运用到生活中。

给自己充分的时间去做每一个活动,并且在做下一个活动前,找机会练习过去学过的技能。按照书中的顺序来做这些活动非常重要,因为我们所教授的技能的复杂程度是循序渐进的。

在设定计划表的时候，请记住下面几条：

- 安排一个特定的时间来完成这些活动。把完成这些活动当作一个任务，这样你就更有坚持下去的可能。
- 练习你所学的技能。一旦一个行为成了你生活的一部分，你就更有可能获得改变。
- 千万别囫囵吞枣，慢慢来，充分思考你所学的。
- 把注意力集中在你已经达到的成果上，而不是还需要做的事情上。这样一来，剩下的工作看起来就更容易完成了。

你需要做的

写下一个完成下面每个活动的时间安排表。如果中途有什么事情发生了，需要更改计划也没有关系。事实上，你可以先用铅笔来填写下面的表格，这样以后改起来也更方便。

开始日期	活动	结束日期
	1. 你的"愤怒"画像	
	2. 设定一个计划表	

（续）

开始日期	活动	结束日期
	3. 制订你的目标和行动方案	
	4. 奖励自己	
	5. 记录"愤怒"日志	
	6. 识别触发你"愤怒"的缘由	
	7. 理解你的原生家庭的行为模式	
	8. 身体对"愤怒"的反应	
	9. "战斗"或者逃跑	
	10. 掩盖你的情绪	
	11. 媒体与"愤怒"	
	12. 使用"愤怒"达到积极的效果	
	13. 冷静一下	
	14. 写作	
	15. 笑对"愤怒"	
	16. 精神假期	
	17. 象征性地释放"愤怒"	
	18. 放松技巧	
	19. 有建设性地处理"愤怒"	
	20. "愤怒"合同	
	21. 为自己的行为负责	
	22. 保持洞察	
	23. 了解事实	
	24. "愤怒"情绪的发展阶段	
	25. 感知	
	26. 权衡利弊	
	27. ABC"愤怒"模型	

(续)

开始日期	活动	结束日期
	28. 处理冲突	
	29. 使用"我信念"	
	30. 认真倾听	
	31. 赞美他人	
	32. 肢体语言	
	33. 清晰地沟通	
	34. 学会自信果敢	
	35. 迈开改变的步伐	
	36. 回顾进展	
	37. 成就证书	

你还可以这样做

你可以通过下面的几个小窍门来增加完成计划的可能性：

- 每天在一个固定的时间里来完成这些活动，比如放学以后。
- 每天至少保证一定的时间来完成这些活动，比如十五分钟。
- 告诉一个你信任的朋友你正在做这件事情，这样你就能在这个过程中得到来自朋友的支持。

你觉得还有哪些方法可以帮助你增加完成计划的可能性?
___
___
___

在你过去的一些目标中,有哪些是需要设定一个计划表来完成的?
___
___
___

拥有一个计划表是否帮助你更好地完成了那些目标?为什么?
___
___
___

你还有没有别的目标可能受益于设定一个计划表?如果有的话,这些目标是什么?
___
___
___

03 制订你的目标和行动方案

你需要知道的

> 目标有两种：短期目标和长期目标。短期目标是指近期内，例如一天或者一周内你会完成的目标。长期目标则是指你在更长一段时间里，例如一个月或者一年内要完成的目标。你完成目标所需要的那些步骤就是你的行动方案。

安东尼奥总是麻烦不断。他有两门课不及格，也经常和父母吵架。如果他不喜欢别的孩子看他的眼神，他就会马上当面教训对方："你看什么看！"推搡、顶嘴、冲撞是他生活的常态。

一天，安东尼奥突然觉醒了，他希望得到改变。他发现他对外展露的并不是真实的自己。他觉得自己好像在和自己的"愤怒"进行一场拔河比赛——而他的"愤怒"正占上风。安东尼奥去见了学校的咨询师李老师。李老师决定帮助他。

"第一步,"李老师说,"是制订一些目标。让我们想象一下,一名在山脚下的登山运动员,他的长期目标是在天黑前登上山顶。他把登山的过程分割成几个阶段,这样一来,整个旅程就不会显得那么艰难。这些被分割的阶段就是他的短期目标。同时,他也有一个行动方案来帮助他一步步实现自己的每一个目标。你可以用同样的方法来帮助自己管理自己的愤怒情绪。"

安东尼奥和李老师一起制订了下面的目标和行动方案。

长期目标:我能够控制我的愤怒情绪。

行动方案:

  1. 我会学会说出困扰我的事情,而不是一味地愤怒。

  2. 我会学会妥协退让。

  3. 我会学会把注意力放在事物积极的一面上。

> 短期目标：下个月，我不会跟别人打那么多次架。
>
> 行动方案：
>
>   1. 我不会主动地挑衅、辱骂、推搡或者打人。
>
>   2. 当我觉得受挫的时候，我会主动寻求帮助。
>
>   3. 当我觉得想要冲我的父母大声叫嚷的时候，我会停下来深呼吸 10 次。

有了这些目标和行动方案，安东尼奥正式走上了自我改变的道路。

你需要做的

为自己制订目标是获得改变极为重要的一步。请在下面的格子里写下两个与控制愤怒相关的目标——一个长期的，一个短期的。接下来，请写下能够帮助你一步步实现目标的行动方案。

我控制愤怒的目标和行动方案

长期目标：_____

_____

_____

行动方案：_____
_____
_____

短期目标：_____
_____
_____

行动方案：_____
_____
_____

你还可以这样做

在你的生活中，还有哪些方面可以得益于制订一些目标和行动方案吗？你可以从学业、工作或者人际关系等方面来思考。

_____
_____
_____

请为你上面提到的某一个方面，制订一个长期目标和一个短期目标,再为这些目标设计你的行动方案。

长期目标:_____
_____
_____

行动方案:_____
_____
_____

短期目标:_____
_____
_____

行动方案:_____
_____
_____

04 奖励自己

你需要知道的

当你完成了一个愤怒情绪管理的小目标的时候，适当地奖励一下自己是一个非常好的主意。为什么呢？答案很简单：这会让你感觉很好！而这还不是唯一的原因。奖励机制会让你更有动力，你的动力越足，你就会越努力地去改变。

学会如何管理你的"愤怒"不是一件容易事，但是设计一些奖励机制能够帮助你更好地达成自己的目标。一些小奖励能在完成比较难的任务时给你提供动力。比如说，你正在尝试不再冲你妈妈大嚷，你的奖励可能是，如果你晚餐的时候没有大嚷，你就能在电脑上写一会儿博客。你的目标是不再大嚷，你的奖励是可以在电脑上写博客。

04 奖励自己

这里有一些其他的奖励供你选择：
- 看一部电影
- 下载一些新歌
- 购物
- 去看演唱会
- 在你最喜欢的餐厅用餐
- 和朋友出去玩
- 滑滑板
- 骑自行车
- 打篮球

你需要做的

在每一个宝箱边，写下你想给自己的奖励和你想得到奖励的日期。当你实现一个目标以后，记录下你的收获。努力赢取你所有的奖励吧！

我会努力去赢取这个奖励：＿＿＿＿＿＿＿

我计划在此日期前赢取奖励：＿＿＿＿＿＿

为了赢取这个奖励，我会：＿＿＿＿＿＿＿

―――――――――――――――――――――

我会努力去赢取这个奖励：_____
我计划在此日期前赢取奖励：_____
为了赢取这个奖励，我会：_____

我会努力去赢取这个奖励：_____
我计划在此日期前赢取奖励：_____
为了赢取这个奖励，我会：_____

我会努力去赢取这个奖励：_____
我计划在此日期前赢取奖励：_____
为了赢取这个奖励，我会：_____

你还可以这样做

回顾你在活动3中设定的目标，并把它们分享给一位你信任的家人或朋友。让你的这位家人或朋友观察你是否达到了你的目标并及时提醒你奖励自己。记录下你所有完成的目标和赢取的奖励吧。当你觉得心灰意冷的时候，回过头来看一看这个表格，就知道你已经在改变的道路上走了多远了!

我做到了!		
我达到的目标	赢取的奖励	赢取奖励的日期

05 记录"愤怒"日志

你需要知道的

> 意识到你在什么情形下容易愤怒,注意到你在愤怒情绪下会做什么,认清你愤怒后会导致什么样的结果,这些都是非常重要的。"愤怒"日志就是一个帮助你做所有这些的工具。

米歇尔等艾丽西亚来她家过夜已经有一个星期了。她们为星期六晚上做了许多精心的准备,米歇尔迫不及待地期待着星期六的到来。星期六上午差不多10点的时候,艾丽西亚给米歇尔发了一条短信:"今天晚上不行了,咱们得换一个时间。""你是认真的吗?"米歇尔在心里默念。

这已经不是艾丽西亚第一次放米歇尔鸽子了。米歇尔觉得自己再也无法信任艾丽西亚了。她越想越气。在她意识到以前,她已经一把抓起自己的鞋子,用力扔向了墙角。

鞋子飞向了她的书桌，砸碎了放在书桌上的相框。她的父母听到这么大的动静，急忙赶了过来。看着一片狼藉，他们罚米歇尔两个星期不准出门。

那天下午，当米歇尔平静下来以后，妈妈对她说，"亲爱的，你似乎经常生艾丽西亚的气，而且总是没什么好结果。了解自己的一些行为模式可能会对你有帮助，这样，你就可以在行动以前先思考有没有更好的选择了。"

记录"愤怒"日志可以帮助你看清自己生气时的行为模式。下面的例子会告诉你，米歇尔可以如何记录关于她和艾丽西亚之间发生的事。

"愤怒"日志	
日期与时间	10月3日，早上10点
事情经过	艾丽西亚临时给我发了短信，告诉我她不能在我家过夜了
我的想法	她总是给自己找借口，我已经厌倦了做她的朋友
我的心情	愤怒、失望、受伤
我的行为	我把鞋子砸向了书桌
行为的后果	惹我的父母不快，打碎了我最喜欢的相片，被罚两个星期不准出门
我的处理方式	不太好。下两个星期我只能待在家里了，而且还要把那一堆乱七八糟的东西打扫干净
我如何更好地处理	我可以先告诉艾丽西亚我对她一而再再而三地爽约的行为感到很生气，然后我可以叫另一位朋友过来，或者问我姐姐愿不愿意跟我一起看电影

你需要做的

在开始做这个活动以前,先把下面的表格复印几份。在你练习书中所有活动的这段时间里,请坚持记录你的"愤怒"日志。

"愤怒"日志	
日期与时间	
事情经过	
我的想法	
我的心情	
我的行为	
行为的后果	
我的处理方式	
我如何更好地处理	

你还可以这样做

在你写了几篇"愤怒"日志之后,看一看你的行为是不是有一些规律。

05 记录"愤怒"日志

　　一天之中有没有某一个特定的时间你比较容易生气？（比方说，在傍晚你觉得很累或者要开始写作业的时候，又或是在你一早起床的时候。）

_____

_____

_____

　　你是不是在某些特定的情况下，或者和某些特定的人打交道的时候比较容易生气？

_____

_____

_____

　　有没有哪些地方你觉得自己是可以努力改进的？

_____

_____

_____

　　几周之后，再次回顾你的日志。你有没有发现自己在管理愤怒情绪方面有了进步？快告诉我们你的改变都有哪些吧。

_____

_____

_____

06 识别触发你"愤怒"的缘由

你需要知道的

> 我们每个人都有一些容易被激起愤怒的触点,一些人称它们为"忍无可忍之事"或"触发点"。不管它们被叫作什么,你要辨认出那些让你烦心的事情,并在它们激起你的愤怒之前控制住事态,这是非常重要的。

特比塔在走廊里拦住了蕾拉,指责她从杰西卡的柜子里偷走了她的课本。可蕾拉根本没有碰过杰西卡的柜子!她尝试解释,但特比塔不停地打断她:"乔西告诉我们今天早上他看到你打开杰西卡的柜子了,现在她的历史书丢了,她的作业夹在了那本书里。快点把她的书还回来,要是她得到一个差成绩就怪你!"

蕾拉握紧了拳头,抬高了声音说:"特比塔,我跟你说最后一次，我没有拿杰西卡的东西！"但是特比塔说什么也不听。她径直走向蕾拉，说她是个骗子。就这一句话，一下子燃起了蕾拉心中的怒火。她扔掉了手里所有的书，又一把撞掉了特比塔手里的东西，大喊："你怎么可以叫我骗子！"

就像蕾拉一样，我们每个人都有这样或那样的愤怒触点会被一下子点燃。这里有一些可能会点燃你的怒火的行为：

- 唠叨。
- 搬弄是非。
- 企图指使你做这做那。
- 冤枉你做了没做过的事。
- 侵犯你的空间。
- 冤枉你说了没说过的话。
- 发出重复的声音。
- 没经过你的同意就拿你的东西。
- 弄坏借你的东西。
- 写下污辱你的话。
- 翻你的东西。

你需要做的

在"愤怒触点"一栏中填写那些可能会激起你愤怒的缘由。在第二栏里写下当你意识到愤怒触点被触发时,一件你能做到而且可以缓解你情绪的事。比如,唠叨可能是你的一个"愤怒触点",你可以通过回避那个唠叨的场景来熄灭怒火。最后,请把这些"愤怒触点"按照容易激起你怒火的程度划分等级(数字越大,表示越容易激起你的怒火)。

愤怒触点	缓解方式	等级

你认为了解自己的"愤怒触点"可以怎样帮助你控制怒火呢?

_____

_____

_____

你还可以这样做

在一张空白的纸上,写下所有你觉得可行的"缓解方式"。多复印几份放在你触手可及的地方——比如,你的钱包、书包中,或是床头柜上。反复阅读并熟悉纸上的内容,这样,当下一次你的某个"愤怒触点"被触发的时候,就可以很自然地回想起那些"缓解方式"来控制愤怒的情绪了。

07 理解你原生家庭的行为模式

你需要知道的

> 你从小就在家人身边耳濡目染，所以难免会沾染一些他们的脾气习性。了解你的家人是如何与彼此相处的，可以帮助你更好地认识自己愤怒时的一些行为反应。

嘉蓓丽的爸爸告诉她必须做完一堆家务才能出门和朋友逛街。嘉蓓丽看着自己要做的事情，越想越恼火，"哼，做这个，做那个，"她嘟囔着，"爸，要做你自己做！"

她爸爸听到了她的抱怨，大声喊道："如果我再从你嘴里听到一句话，你今天就别想出去了！听清楚没有？"

"哈哈，好极了！"嘉蓓丽边说边翻了个白眼。她气冲冲地走了出去，把衣服从地上捡起来扔进洗衣间。她一边走，一边用力地踢着地板。接着，她开始清理洗碗机。她把餐具一股脑地扔进抽屉里，然后丁零当啷地把锅碗瓢盆放回原位。

她爸爸冲进厨房，猛地一拍桌子，"你听好了，别弄出那么大声响！"

就在这时，嘉蓓丽的妈妈也走进了厨房，"天啊，这到底发生了什么啊？一大早就这么吵吵嚷嚷的。你们俩啊，真是一个模子里刻出来的。嘉蓓丽，你可算是遗传了你爸爸家的暴脾气啊。他们家人都这样，一有什么不顺心的，就一顿发火。好了，你们俩先冷静一下，别在对方面前晃悠。嘉蓓丽，你知道家里的规矩：不做完你分内的家务就没有出去玩的权利。要是你不能在一个小时内做完这些事情，今天你就不能出门逛商场了。"

"好吧。"嘉蓓丽叹了一口气。她知道妈妈没有开玩笑。

你需要做的

在这棵树的最下面，写上你的名字，然后再加上家人的名字。在名字旁的空位上写下他们愤怒后的行为方式，比如：

- 大发脾气
- 说难听的话
- 扔东西
- 避开当时的场景

- 出去跑步
- 大叫
- 花时间让自己冷静下来
- 憋在心里

在树上或者树的旁边写下其他一些与你相似的亲戚的名字，比如你的阿姨、叔叔、表兄妹，或者亲兄妹。

圈出和你自己处理愤怒情绪的方式最像的那个人的名字，然后在空白的地方写出你的父母和祖父母是如何处理他们的愤怒情绪的。

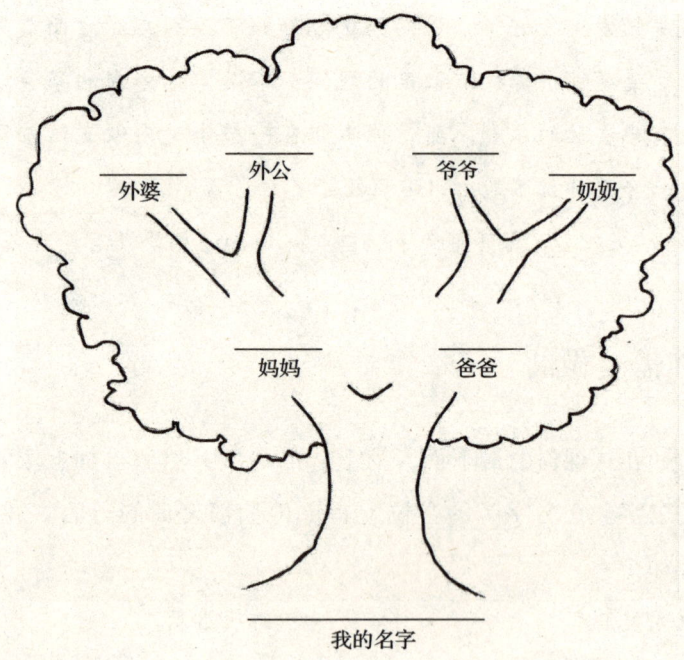

你还可以这样做

你有没有在亲人们处理愤怒情绪的方式中发现一些固定模式?

_____
_____
_____

在你的亲人们处理愤怒情绪的方式中,你觉得哪一点最值得思考并注意?

_____
_____
_____

在你的亲人中选出一位最会处理愤怒情绪的人。思考自己怎样才能更像他/她一样。

_____
_____
_____

08 身体对"愤怒"的反应

你需要知道的

> 愤怒会带来压力,导致血压升高、头疼、胃疼、心脏不适等生理反应。不是每个人都会有一样的反应,了解"愤怒"如何影响你的身体能帮助你更早发现愤怒的苗头。

看一看下面提到的一些"愤怒"在身体上的表现。当你愤怒的时候,你可能会有下面的生理反应:

- 哭泣
- 脸颊发热
- 咬牙切齿
- 翻白眼
- 大口喘息
- 心跳加速
- 过敏
- 上气不接下气
- 头疼
- 胃疼

- 出汗
- 抽搐
- 肌肉紧绷
- 晕眩
- 恶心

了解你的身体对"愤怒"有哪些生理反应，能帮助你知道什么时候应该让自己冷静下来。当你发现愤怒的苗头时，你可以用下面这些小窍门：

- 深呼吸五次，把注意力放在呼气上。
- 从冲突中抽身出来，去外面散个步；或者去一个安静的地方。
- 如果你无法抽身而出，你可以通过在脑海中想象一个"放松空间"（这个空间可能是你的卧室、海滩，或者你外婆家的老房子）来让自己冷静下来。当这个空间浮现在你眼前的时候，想象你的怒火正在一点点地从你的身体里流走，就像浴缸里被放走的水一样。

你需要做的

在下面的人形图里，标出你身体的每一个部分对"愤怒"的反应。比如说，要是你一生气就哭，你可以在图上画一双含着泪水的眼睛;如果你的肌肉会感到紧绷,你可以画一块鼓起的肌肉。

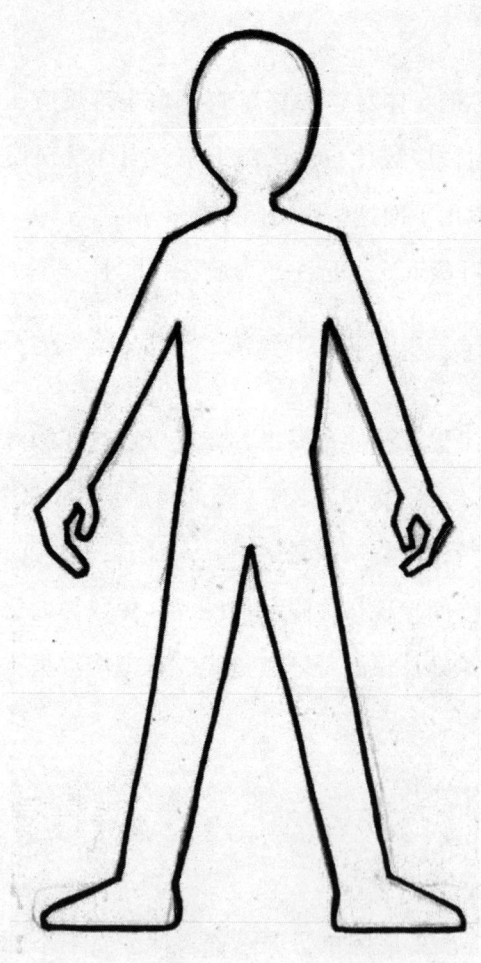

你还可以这样做

在你愤怒的时候,你都会出现哪些生理反应?
_____
_____
_____

你身体的哪个部分反应最大?
_____
_____
_____

除了我们之前给出的建议,你觉得还有哪些方式可以在你觉察到一些"愤怒"带来的生理反应后帮你恢复冷静?
_____
_____
_____

09 战斗或者逃跑

你需要知道的

每当你意识到危险的时候,你的身体都会自动尝试着保护你。肾上腺素——一种能快速给你提供大量能量的化学物质——会被释放到你的血液中。你的瞳孔会放大,心跳会加速,血压会升高,呼吸也会加快,你会变得警觉并且对周围环境高度敏感。整个这一系列的反应被称为"或战或逃反应"[一]。你如何应对这个反应可以影响整个事情的走向。

丽莎一从学校回来就坐到了电脑前。让她吃惊的是,在她打开Facebook的时候,她发现数学课上的一个女生给

[一] 或战或逃反应(fight-or-flight response),心理学名词,指身体在应激状态下,做好防御、挣扎或逃跑的准备。——译者注

她发了一条用词特别难听的信息。"她怎么敢这么说我？她以为她是谁啊？"丽莎想。

丽莎一边读一边想："有多少人已经看到了这条消息啊？她真是毁了我的生活！"她越读越生气。她的脸开始发热，肩上的肌肉也开始紧绷。她现在唯一能想到的就是，"我要报仇"！

丽莎现在面临着两个选择：战斗或者逃跑。你觉得她会选择什么呢？如果你猜的是战斗，那么恭喜你，答对了。她的反应是想要报复这个女孩，而不是撤退。

当你发现自己的身体进入这种"战斗或者逃跑"模式的时候，你可以积极地面对，也可以消极地面对。积极的应对方式可以改善事情的走向，而消极的应对方式只能让事情愈演愈烈。

你需要做的

阅读下面的文字，在积极的应对方式和消极的应对方式的句首旁边分别写上"积"字和"消"字。

威廉为了他的随堂演讲准备了一个礼拜。当他起身开始发言的时候，他发现他的同学们正在窃窃私语，还有一些人一边打量他一边窃笑。他试着把精力集中在他的演讲上，可是他的大脑一片空白。当他的老师示意他开始的时候，他的眼睛直愣愣地看着前方，吓得出了一身冷汗。他脑子里唯一能想到的是："这帮家伙毁了我的一切！"威廉接下来会怎么做呢？

_____ 假装班里的同学都不存在。

_____ 示意暂停，和老师私下交流。

_____ 跑出教室。

_____ 说类似"嗨，大家都给我消停一点！"这样的话。

_____ 冲全班同学大喊，责备他们毁了自己的演讲。

_____ 一把扔掉手里的准备材料，尖叫"我受够了"！

读一读下面的这些情况，然后写出你能想到的积极应对方式。

比安卡在竞选学校剧团领衔主演的位置。她坚信自己一定能拿到这个角色。今天是公示角色名单的日子。午饭的时候，比安卡和一群学生一起站在了告示牌旁。她从上到下读着名单，当她看到艾瑞尔是领衔主演的时候，她的脸突然变得通红。而更糟糕的是，比安卡出演合唱团的一员，她甚至连一句自己的台词都没有！就在这时候，艾瑞尔走了过来，一些同学向她表示祝贺。比安卡有一种想要跺脚扬长而去的冲动。她可以怎么做呢？

_____

_____

_____

莫莉总是借金的 iPod。一个星期五下午，金让莫莉把 iPod 还回来。"呃，iPod 现在不在我手里，我借给伊恩了。"莫莉回答道。金简直不敢相信自己的耳朵，莫莉怎么有权利把不是自己的东西借给别人！金很生气，但是她更倾向于稍后再解决自己的怒火。她现在的首要任务是找伊恩要回自己的 iPod。当金找到伊恩的时候，她发现伊恩正拿着一个 iPod，而这个 iPod 看起来好像是坏的！她的心开始怦怦地跳。她可以怎么做呢？

_____

_____

_____

你还可以这样做

回想一个你的身体进入"或战或逃"模式的情景，并简要地形容一下。

_____

_____

你的身体有怎样的反应？

_____

_____

面对这个情形，你选择了怎样的应对方式？你觉得你的行为是积极的还是消极的？

_____

_____

你还能想到其他积极的应对方式吗？

_____

_____

10 掩饰你的情绪

你需要知道的

> 有时候,生气比承认自己受到了伤害或者害怕要容易得多。但是用愤怒来掩饰其他情绪并不是一种积极有效的处理方法,相反,这可能带来更多的伤害。在你正视并应对内心深处的情绪以前,你的愤怒只可能愈演愈烈。

杰克知道家里一定有什么事儿不对劲。他的父母无时无刻不在争吵。他的父亲经常外出,凌晨一两点才回家;他的母亲终日以泪洗面,杰克常常看到她坐在厨房里,拿着一个账本和一个计算器,面带愁容。有一次,杰克无意中听到父母在谈论他们分开以后自己应该和谁住。

终于,在一个星期六的早上,杰克的父母告诉了他离婚的消息。杰克立刻觉得自己的胃好像打了个结一样,他的脸涨得通红。他大叫道:"没有什么比这更糟糕的了!我不想谈这个!"他猛地起身,扬长而去。

杰克的妈妈把他喊了回来。她看着杰克缓缓地说:"杰克,我知道你现在很生气,我也知道你对我们离婚一定还有很多别的感受。我们来谈一谈吧。"当杰克可以表达那些隐藏在愤怒之下的情绪的时候,心里开始觉得平静了许多。

你需要做的

下面是一些有可能被愤怒所掩盖的情绪。把与你自身情况吻合的情绪圈出来,并在空白处填上你觉得还有可能的其他情绪。

受伤	抑郁	恐惧
贪心	压力	羞愧
焦虑	挫败	____
孤独	嫉妒	____

说一次你用愤怒来掩饰其他情绪的经历。

_____

_____

_____

你认为表达真实的情绪可能会对自己有哪些帮助呢?

10 掩饰你的情绪

―――――――――――――――――――
―――――――――――――――――――

你还可以这样做

选择一个让你觉得愤怒的情形,想一想有没有什么其他的情绪可能是你愤怒的根源。在下面的盾牌上,写下这些情绪。如果你愿意,也可以从杂志或报纸上剪下一些文字或图片来代表这些情绪。当你完成以后,看着你的盾牌,想一想你是如何使这些情绪被愤怒取代的。

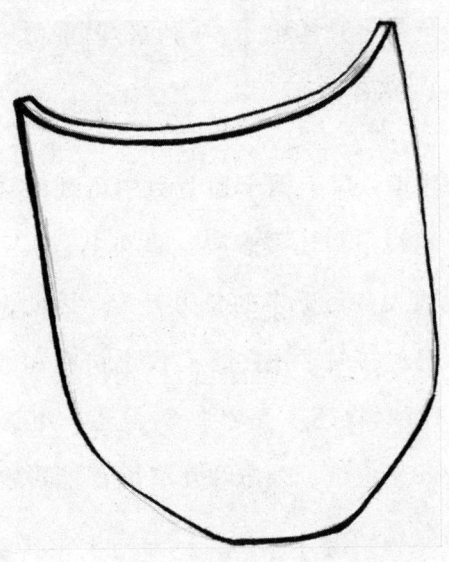

11 媒体与"愤怒"

你需要知道的

> 人们在媒体上越常看到暴力,就越容易做出类似的攻击性行为。如果你能减少观看暴力性的电视节目或者玩暴力性的电子游戏,你就能更容易地处理自己的愤怒情绪。

你知道星期六早上的卡通节目中出现的暴力行为比黄金时段的电视节目还要多吗?事实上,很多儿童电视节目中有比成人节目更多的暴力行为。因此,很有可能你从小到大已经接触了很多带有愤怒情绪和暴力行为的电视节目。而电视还不是唯一的渠道,电影、音乐视频、电子游戏、报纸、杂志和互联网都能影响到你接触暴力行为的数量。

11 媒体与"愤怒"

那些快速变幻的动作可能可以很快就吸引你的注意力，但事实上，它们有害无益。研究表明，经常接触带有暴力行为的电视节目或电子游戏会使人们更有暴力倾向。

你需要做的

在一周内，记录下你在各种媒体上接触到的暴力行为，在表格的最后一栏把每一次的暴力行为累加起来。你可能会对你在媒体上看到的愤怒与暴力而大吃一惊！

	电视	电影	音乐视频	电子游戏	报纸和杂志	互联网
星期一						
星期二						
星期三						
星期四						
星期五						
星期六						
星期日						
总和						

哪一种媒体让你接触最多的暴力行为？

_____

把最后一栏所有的总数累加起来，看看你一个星期通过媒体一共接触到多少次暴力行为？

_____

_____

_____

你对在媒体上所接触到的暴力行为的数量有什么看法？

_____

_____

_____

你还可以这样做

有没有哪些电视节目或者电子游戏是你可以"戒"掉的？把它们的名字写下来。

_____

_____

_____

11 媒体与"愤怒"

为了减少通过媒体接触的暴力行为,写一份承诺书。

_____
_____
_____
_____
_____
_____
_____

12 使用"愤怒"达到积极的效果

你需要知道的

> 尽管"愤怒"有坏的一面,但它也可以是一种非常有用的情绪。表达你的愤怒能够帮你捍卫自己和他人的权益。当你被不公正地对待时,愤怒可以给你带来改变。例如,要是马丁·路德·金没有动怒,那这个世界还会有很多不公平。

内森在回家的路上看到一个男孩在推一个个子更小的男孩。他在一旁看着这个欺凌的场景看了差不多一分钟。这个可怜的小个子男孩真是一点还手之力都没有。他每次想要站起来,大个子的男孩就推他一下,让他再次跌倒。

"这不公平,"内森想,"那家伙人高马大,他会伤到这个小个子的。"他径直走向了那个大个子的男孩,喊道:

"嗨！停下来！放开他！"

大个子回过头看了一眼内森，"你管好自己就行了！"他回答道。

内森比大个子还要高出一大截，他冷笑了一声，说："这事儿我今天管定了！"

大个子又看了内森一眼。他回过头对小个子说："你不值得我浪费时间！"然后扭头走了。

内森走到小个子跟前，问："你还好吗？"

"嗯，"小个子说，"那家伙真是个混蛋！他到处欺负人！谢谢你的帮助。"

一个星期后，内森还是因他目睹到的一切而感到有些困扰，所以他去找了校长。内森建议学生们成立一个俱乐部来训练孩子们怎样抵抗校园欺凌，怎样寻求大人的帮助。校长听了内森的想法非常激动，说："内森，正是因为你看到别的学生被欺凌而产生了愤怒，才让我们有了一个很棒的项目来杜绝这样的事情再次发生！"

下一次，当你发现自己在变得愤怒的时候，接受你的"愤怒"，并尝试用它来达到一个积极的效果。问自己下面的三个问题：

- 哪些事情是在我的控制范围以内的？

- 我怎样才能做出改变?
- 我能做些什么来解决眼前的问题,而不是一味地发火?

记住,愤怒本身不是问题,一切取决于你如何处理这种情绪。

你需要做的

回想一个你利用愤怒而达到积极效果的经历,也许是在困境中你捍卫了他人的权益,又或者是你因不公平的事物而抗议。

描述一下这个经历。

_____

_____

_____

告诉我们你是如何处理当时的情况的。

_____

_____

_____

你对自己的反应满意吗?如果不满意,你希望自己能有怎样的处理方式？

_____

_____

_____

你还可以这样做

当人们用他们的愤怒来帮助别人捍卫权益的时候，愤怒是一股积极的力量。下面的这些人和组织用他们的愤怒改变了这个世界：

- 马丁·路德·金博士在美国民权运动中的领导力。
- 苏珊·安东尼对妇女选举权的争取。
- 曼德拉为破除南非种族隔离的斗争。
- MADD（抗议酒后驾驶母亲协会）。
- SAVE（反暴力学生组织）。

探究其中一个人或组织的事迹，简单叙述一下在他们的故事里，愤怒是如何被转换化成一种积极的力量的。

_____

_____

_____

13 冷静一下

你需要知道的

> 当你感到愤怒的时候,选择去做一件帮你冷静一下的事情能减缓怒火的蔓延。

伊森的弟弟莱恩是个捣蛋鬼。每当伊森看电视的时候,莱恩总是会去换频道。要是伊森在打电话,莱恩就会来打断他。莱恩总是未经允许就拿伊森的 CD 来听,然后随手乱放。

一天吃晚饭的时候,伊森正准备拿一块西瓜作为甜点,莱恩突然伸出手抢了最后一块。啊!我受够了!伊森一把猛推了一下莱恩,莱恩哇地哭了出来。他们的妈妈让两人都离开餐桌。

当天更晚的时候,妈妈敲了伊森的房门,问他们能不能谈一谈。她说:"伊森,我知道莱恩总是来烦你,但是推他不是一个好的行为。我们来说一说下次你被他惹愤怒了以后,你能做什么来使自己冷静吧。"伊森和妈妈一起列出了下面的清单:

- 找人交流
- 叫一下暂停
- 给朋友发信息
- 击打枕头
- 玩一个乐器
- 听令人放松的音乐
- 骑车
- 打篮球
- 读书
- 画画
- 写日记

下一次,伊森再因为莱恩而愤怒的时候,他就躺在沙发上玩iPod。很快,他都不记得自己是为什么而愤怒了!

你需要做的

回想一些让你愤怒的场景,告诉我们当这些场景发生的时候,你可以怎样冷静一下而不是愤怒。

我因为_____而愤怒。

我可以通过_____来冷静一下。

我因为_____而愤怒。

我可以通过_____来冷静一下。

我因为_____而愤怒。

我可以通过_____ 来冷静一下。

你还可以这样做

在旧报纸和旧杂志中剪下一些能代表你最喜欢的冷静方式的图片。比如，如果游泳能帮你放松，你可以剪下一个游泳池或者湖的图片。把这些图片贴在一张空白的纸上或者板子上。把你的"冷静海报"放在你觉得最能帮到自己的地方，也许是在一个笔记本里，或者是在你的桌子上，又或者是在你学校的柜子里。

14 写作

你需要知道的

> 当你憋着自己的愤怒的时候,它很容易堆积。表达你的情绪是管理它们的第一步,而写作是非常有效的一种方式。你的写作水平怎么样,语法是否使用正确在这种写作中并不重要。重要的是你能够释放自己的情绪。

探索你的情绪就像玩拼图一样。一开始的时候,这个任务可能显得很艰巨。但是当你一点点找到一些可以连在一起的拼图块时,剩下的拼图块就能很快地找到它们相应的位置。生活有时就像一幅巨大的拼图,而写作可以帮助我们整理一块块碎片,让它们各归各位。

如果你从来没有这样表达过你的情绪，那么，一个很好的起点是给自己写一封信。你可以假装这封信是写给自己的一位密友，或者一位自己特别信任的人，虽然这听起来有一点傻，但是给自己写信真的能帮助你探索自己的思考和情绪。因为不需要担心别人的看法，所以你可以坦诚地说出哪些行为是你希望改变的。

你需要做的

给自己写一封信。在信里写上那些让你不高兴、失望，或者想要改变的事情。说一说为什么愤怒情绪对你来说是一个问题，为什么你想要改变处理愤怒情绪的方式。

当你写完这封信以后，复印一份，然后把复印件封在一个信封里。把这个信封放在一个安全的地方，六个月以后再打开。你可能会为自己做出的改变而感到吃惊呢！

```
┌─────────────────────────────────────────────┐
│      亲爱的_____（自己的名字）：          │
│   ┌─────────────────────────────────────────│
│ ○ │                                         │
│   ├─────────────────────────────────────────│
│   │                                         │
│   ├─────────────────────────────────────────│
│ ○ │                                         │
│   ├─────────────────────────────────────────│
│   │                                         │
│   ├─────────────────────────────────────────│
│   │                                         │
│ ○ ├─────────────────────────────────────────│
│      爱你的_____（自己的名字）            │
└─────────────────────────────────────────────┘
```

你还可以这样做

写日记也是管理愤怒情绪很好的一个方式。与其把所有的东西都闷在心里,不如把记录自己的思考和情绪作为一个习惯,特别是在有什么事情困扰你的时候。通过写作来表达自我,可以帮助你检视到底是什么让你烦恼。接下来,你就可以做出一个计划来处理这件事情,而不是冲动地应对——你也知道,那样常常只有不好的结果。

15 笑对"愤怒"

你需要知道的

> 幽默是化解愤怒极好的一种方式。幽默不仅能缓解紧张的气氛，还对你的身体有好处！一场大笑可以减少你身体中压力荷尔蒙的数量，增加内啡肽——一种可以使人心情愉悦的荷尔蒙。

愤怒与幽默是情绪的两个极端，一个人很难一边大笑一边愤怒。让我们来看看大笑和愤怒分别是怎样影响你的。

大笑：	愤怒：
让你忘记自己的愤怒	让你把注意力放在自己的烦恼上
让你觉得快乐	让你不快乐
让你的胃部运动起来	让你的心脏跳动得更快

| 让别人想跟你在一起 | 破坏你和他人的关系 |
| 缓解紧张的心情 | 让你觉得精神紧绷 |

一个让你愤怒的情形，根据不同的处理方式——是肆意地让怒火焚身还是幽默地对待，很有可能会有不同的结果。通常，如果你能退一步来看，你就会发现很多让人愤怒的时刻其实是很好笑的。所以，下次愤怒的时候，停下来，问一问自己："这个情况有什么好笑的地方吗？"如果你去寻找生活中的幽默感，有很大的概率你是会找到它的。

你需要做的

杰克的爸爸提醒了他两次去倒垃圾。杰克也知道自己要去做，可是他玩游戏正玩到兴头上，不想被打断。当他爸爸第三次提醒他的时候，杰克冲去了厨房，一把抓起垃圾桶的盖子。他特别用力地把垃圾袋扯出来，结果袋子破了，撒了厨房一地的垃圾。更糟糕的是，杰克踩到了晚上的剩饭，滑了一跤！当爸爸走到厨房想看看是什么弄出了这么大动静的时候，他发现杰克正躺在一堆垃圾中间。

帮这个故事写下一个结尾，在这个结尾里，杰克会继续让自己的愤怒主导自己的情绪。

_____

_____

_____

　　接下来，写下另一个结尾，这次，杰克在发生的事情中找到了一些幽默感。

_____

_____

_____

你还可以这样做

　　回想一个让你感到愤怒的场景。形容一下故事的背景和你的反应。

_____

_____

_____

　　想象一下你能在这个场景中找到的一些幽默感。重写你的故事，看一看结果会有怎样的不同。

_____

_____

_____

16 度一次"精神假期"

你需要知道的

> 有一个让你觉得既舒服又放松的地方,能在烦恼的时候给你安慰。哪怕你不能真正地去这个地方,只是在脑海中想象它,也能让自己头脑清醒,平静下来。

凯拉的一天过得糟糕透了。她学校里的所有朋友都因为一个谣言跟她反目成仇。她想:"造谣的这个人一定会为他的所作所为后悔的!"她迫不及待地想要回家。躲进自己的卧室,与世隔绝。

汤姆的女朋友上周刚跟他分手,现在就已经开始和另一个男生约会了。汤姆特别恼火,因为他知道这样所有的人就会明白是女朋友甩了他。他多么希望自己能消失一阵子，也许是去一个阳光海滩，和广阔的大海相比，他的烦恼会显得多么微不足道。他在海边有许多美好的回忆，并且在那儿总能觉得特别放松。

你有没有过跟凯拉和汤姆类似的感受？当生活不如你意的时候，有没有那么一个地方是你想逃往的？你可能无法立刻就到那个特别的地方去，但没有关系，你仍然可以运用你的想象力，度一次"精神假期"。

你需要做的

想象你是一个旅行社的员工，你正在设计一个叫"心情之旅"的旅游项目。为那个让你最放松、最惬意的地方写下一份介绍，请包含你在那儿的心情和感受。

_____

_____

_____

你还可以这样做

在下面的方框里，画出自己在"精神假期"中的样

16 度一次"精神假期"

子。下次，当你再被愤怒缠身的时候，你可以想象这幅图。

17 象征性地释放"愤怒"

你需要知道的

> 压抑愤怒有害健康,而你总是可以找到有效的方式来象征性地释放自己的情绪。

比喻和象征可以帮助人们更好地应对困扰他们的事情。比方说,奥吉布瓦族(北美印第安民族之一)的父母会在孩子的床头挂上捕梦网,他们认为,噩梦会被困在网的中央,而美梦会顺着捕梦网上的羽毛滑到熟睡的孩子身上。等到白天的时候,阳光就会消灭所有被捕捉的噩梦。

另一个例子是在中国深圳的一棵许愿树。相传,公元1410年的时候,海的保护神天后娘娘奇迹般地救了出海的郑和。后来,天后给郑和托梦,让他为自己修建一座庙宇。直到今天,庙的后院还屹立着一棵大树。人们从四面八方赶来，把他们的烦恼写在一张红纸上并挂在树上。

无论是这棵大树还是捕梦网，都不会真的把问题带走，但是它们的确能通过某种意象，有效地帮助我们释放压力。

这里还有其他一些象征性的方式来帮助你管理愤怒的情绪：

- 给让你生气的人写一封信，告诉那个人你真实的想法，然后把信撕掉。
- 把你的枕头想象成那个让你生气的人，然后击打枕头。
- 向水塘里扔石子，让一个个愤怒的想法随着石子一起消失。
- 投篮或者射门，一边这么做，一边想象一个让你愤怒的场景。
- 在一张纸上写下你的一些愤怒的想法，再用色彩把这些想法一个个覆盖掉。

你需要做的

这个活动能帮你象征性地释放压抑的愤怒情绪。你需要一个气球、一些小纸条，还有一支笔。

在每一张纸条上，写下一件让你非常生气，并且还没有释怀的事情。接下来，把纸条卷起来，放进气球里。一点点地把气球吹大，一边吹气，一边把注意力放在你写下的那些事情上。当你把这个气球灌满了你愤怒的情绪后，紧紧地攥住吹气口。深呼吸几次，和气球里所有的事情告别，然后放开手。你可以看着你的烦恼随着气球飞舞在房间里，永远地消失在空气中。

你还可以这样做

当你释放了你的愤怒情绪之后，你能感觉到你的身体有哪些变化？

_____

_____

你的心情呢？

_____

_____

还有哪些情绪是你想释放的（比如，和恋人分手后的悲伤，家庭问题带来的压力，又或者是在学业中对失败的恐惧)？请把它们一一写下来。

_____

_____

_____

你尝试过我们在这章中提到的那些象征性释放情绪的方式吗？如果有的话，你做了什么，你做完后有什么感受？

_____

_____

_____

18 放松技巧

你需要知道的

当你生气的时候,你的身体也会有所反应。你的心跳可能会加速,你的呼吸可能会紧促,你的肌肉可能会紧绷。这些生理反应让你难以清晰地思考和控制自己愤怒的情绪。因此,知道如何放松是非常重要的。

在放松的时候,你能更容易地管理自己的愤怒情绪。当你想要平复自己的心情的时候,可以试一试下面的方法。

- 找一个安静的地方,用一个舒服的姿势坐下。从你的脚趾开始,向头部出发,全身一个部位接着一个部位地绷紧,包括你的手臂和双手。保持这个紧绷的姿势一分钟。深呼吸一口气,然后慢慢从头到脚一点点放松,直到你觉得自己像一个布娃娃。重复整个步骤两到三次。

- 找一个你不会分心或者被打扰的地方。闭上你的眼睛，慢慢地开始深呼吸，让你的肺部充满了空气，然后缓缓地释放。重复几次这一过程，直到你觉得有放松的感觉。深呼吸能够提高氧气进入大脑的含量，让你更容易集中注意力。

- 洗一个热水澡，想象你的愤怒被水一点点冲走。热水能帮助你放松肌肉。

- 读一本书。阅读是暂别现实世界的绝佳方式。当你重新回来面对现实的时候，你就能更清晰地思考了。

- 小睡一会儿。当你睡觉的时候，你的身体会进入全然放松的状态。当你睡醒的时候，你会觉得神清气爽，有应对任何挑战的能力。

你需要做的

说到"放松"，每个人都会有不同的联想。有的人可能会想到沙滩、公园、手机、溜冰场，而有的人可能会想到钓鱼竿、书、跑步鞋，或者是 iPod。从旧的报纸和杂志里，剪下一些对你来说代表"放松"的图片。在一张白纸上，用这些图片做一张拼贴图。把这张拼贴图放在你的房间里，用来在愤怒的时候提醒自己还有各种可以放松的方式。

你还可以这样做

写下你最喜欢的三种放松的方式。

1. _____
2. _____
3. _____

写下三种你希望尝试的新的放松方式。

1. _____
2. _____
3. _____

你觉得哪种方式能最有效地帮助你放松?

_____

_____

_____

当你试过几次一种或多种放松方式后,记录下它们的效果。

_____

_____

_____

19 有建设性地处理"愤怒"

你需要知道的

> 对于大多数人来说,我们都有一些因愤怒情绪处理不当而导致的懊悔时刻。与其一次又一次地重蹈覆辙,不如提前思考在类似情况下,我们可以如何更好地应对。

约翰这次真的这么做了。一天,他正在全神贯注地玩游戏,眼看就要通关了。突然,他五岁的弟弟科迪追着他的玩具飞船跑了进来,科迪一下子绊倒在了电线上,把电线从墙上拔了下来。约翰一把拿起游戏机的手柄砸向科迪,打碎了房间里的花瓶。科迪开始大哭。当约翰听到妈妈走近的脚步时,他想:"都是科迪的错,这个小坏蛋,我都是被他害的。"

妈妈进来看看科迪怎么样了，然后她环顾四周，发现了碎在地上的花瓶。她问约翰怎么回事。在听完约翰的解释后，她说："约翰，今天不准再玩游戏了，而且你还要把这里清理干净。我知道你因为科迪搞砸了你的游戏很生气，但是你刚刚的行为可能会让你弟弟受伤，而且你还打碎了我最喜欢的花瓶。你觉得除了向科迪扔游戏手柄之外，你当时还能做些别的吗？"

约翰想了想，说："嗯，我可以把我房间的门关上。或者，我可以告诉科迪我有多生气，而不是直接向他扔东西。"

你需要做的

阅读下面的情景，然后回答问题。

简奈特非常需要提高她的生物课成绩。在生物课上她记笔记的时候，凯尔一直向她扔纸团。"呃，太讨厌了！"她想，"如果他再扔一次，我要他好看！"当老师在讲解光合作用的时候，凯尔又向简奈特扔了一个纸团。简奈特转过身去，直愣愣地盯着凯尔，冲他大叫。简奈特被叫去了校长办公室。

19 有建设性地处理"愤怒"

简奈特可能会因为自己的行为面临怎样的后果?

_____

_____

简奈特的行为可能带来哪些危险?

_____

_____

在这个情景中,简奈特如何更好地应对?

_____

_____

蒂姆六个月前拿到了驾照,而他现在已经违规两次了。在他正准备变道的时候,另一辆车一下子冲到他前面,让他差一点追尾。"我必须要超过它!"蒂姆暗自想。他踩了一下油门,加速到时速每小时100公里(而这条路上的最高时速是每小时70公里),反超了那辆车。蒂姆还没来得及减速,警车从后面赶了上来。

蒂姆可能会因为自己的行为面临怎样的后果?

_____

蒂姆的行为可能带来哪些危险?

在这个情景中,蒂姆可以如何更好地应对?

你还可以这样做

写下一个你因为愤怒而处理不当的场景。

你因为自己的行为面临了怎样的后果?

你的行为可能带来哪些危险？

_____

_____

_____

你从这件事里学到了什么？

_____

_____

_____

吃一堑长一智。今后，你如何更好地应对类似的情形？

_____

_____

_____

20 "愤怒"合同

你需要知道的

> 在被怒火缠身的时候,让身边的人知道如何帮助你不是一件容易的事。因此,我们最好事先就有一个计划。告诉身边的人,你正在学习如何更好地控制自己的愤怒,以及他们能做什么来帮你,这是走向改变的重要一步。

签一份合同书是做出承诺的一种方式,是你对自己会努力改变自身行为的一种保证。把这个承诺和你身边的人——朋友、家人、老师,或者其他对你重要的成年人分享,从而能帮助你做到言而有信。

第一步是确定你会用哪些信号告诉身边的人你开始生气了。你的合同书会写明你可以去冷静的地方以及身边的人在你愤怒时能做以及不能做的事情。

你需要做的

"愤怒"合同

　　我在学习更好地控制自己的愤怒情绪。作为整个改变计划的一部分,我要做一个承诺,希望能得到你的帮助。

　　当我发现自己开始愤怒的时候,我会给你这些信号:

1. _____　2. _____　3. _____

如果你发现我开始乱发脾气,请用这些信号告诉我:

1. _____　2. _____　3. _____

我会去下面这几个地方冷静:

1. _____　2. _____　3. _____

请不要做下面这些事情,它们只会让我的心情更糟。

1. _____
2. _____
3. _____

当我有机会冷静以后,我会心平气和地回来。

签名:_____　　日期:_____

你还可以这样做

起草了合同以后,想一想可以找谁来帮你。你的父母、老师、咨询师、教练、兄弟姐妹和亲密的朋友都是可能的人选。把他们的名字写下来。

_____
_____
_____

把你的合同复印几分。自己留一份,然后把剩下的发给那些你选出来帮你的人。每发出一份,就把收到这份合同的人的名字划掉。

21 为自己的行为负责

你需要知道的

> 当事情出现问题的时候,责怪别人总是比检讨自己要容易得多。但是责怪别人并不能帮助我们解决冲突,相反,它常常让事情变得更糟糕。在你责怪别人之前,问一问自己:"我在整个事情中扮演了怎样的角色?"当你学会了为自己的行为承担相应的责任后,你就会发现自己不再那么容易把自己的愤怒归咎到别人身上了。

塔瓦里斯知道学校不让带手机,但是他没办法克制自己想要炫耀新手机的欲望。在社会课上,乔伊问塔瓦里斯能不能看一下他的新手机。塔瓦里斯从口袋里掏出了手机,传了给乔伊。就在乔伊摆弄手机的时候,老师走了过来。

老师没收了手机并告诉塔瓦里斯他的家长必须来学校才能取回去。因为塔瓦里斯带手机到学校,老师还给了他一个课后留校的处罚。塔瓦里斯特别生乔伊的气。这都是乔伊的错!

你有没有遇到过类似的情景?很显然,一切并不都是乔伊的错,但是在你生气的时候,你很容易把所有责任都推给别人。塔瓦里斯需要退一步,看一看到底发生了什么。他可以从这个问题开始问起:"我是怎么让自己陷入这个情形的?"

尼珂尔特别讨厌照看她的小妹妹凯蒂,因为凯蒂总会带来各种状况。有这个小妹妹在,尼珂尔什么事也做不成。一天,尼珂尔的父母外出,留下她在家里照看妹妹。尼珂尔在给她男朋友打电话的时候,凯蒂拿起妈妈的口红在客厅的墙上一通乱画。她们的父母回家以后看到这一切,非常生气。尼珂尔被罚一个月不能出去玩。尼珂尔想:"这太不公平了!我怎么应该是那个受处罚的呢!我什么也没做!"

你有没有觉得生活有时待你不公?在尼珂尔的故事中,虽然她并没有责备他人,但她觉得自己受责备了。

你需要做的

帮助塔瓦里斯和尼珂尔各退一步,看一看他们对整个事态的影响。

在导致问题发生的过程中,塔瓦里斯扮演了什么角色?

_____

_____

他可以怎样做来对自己的行为负责?

_____

_____

在导致问题发生的过程中,尼珂尔扮演了什么角色?

_____

_____

她可以怎样做来对自己的行为负责?

_____

_____

你还可以这样做

请简要地描述一次你把责任推卸给别人的经历。

_____

_____

_____

你曾否为自己没有做过的事情而受到责备？简单地说一说事情的前因后果。

_____

_____

_____

为什么相比主动承担责任，责备他人更容易呢？

_____

_____

_____

以后，当你再发现自己指责他人或被人指责的时候，你可以做些什么让自己避免愤怒呢？

_____

_____

_____

22 保持洞察

你需要知道的

> 在很多情况下,我们都有过过激反应。但是,过于频繁的过激反应会给我们的生活带来很多问题。保持洞察意味着能够意识到自己对事情的反应什么时候超过了合适的度。你由此可以在事情变得无法控制前改变自己的行为。

凯瑟琳的一天过得糟透了。她完全忘记了今天要交一份论文,更不用说她还因为睡过头而迟到了。"今天什么时候结束啊?"她想。在去下一门课的路上,她发现她的朋友莱斯利和佳思敏看起来鬼鬼祟祟地站在她的柜子边。"嗨,怎么回事?"她问道。"没事啊。"莱斯利和佳思敏相视一笑,一脸无辜地回答道。

当凯瑟琳打开她的柜子的时候,她发现她的书都不见了。"我今天可没有心情管这些!"她说。她猛地打了一下柜子,把书包用力扔到了走廊对面,然后狠狠地关上了柜门。她弄出了这么大的动静,以至于所有人都盯着她看,老师也跑到走廊来看到底发生了什么。

莱斯利看了一眼凯瑟琳。"你搞什么?这里是你的书。我们不过跟你开个玩笑而已。"莱斯利和佳思敏扬长而去,留下凯瑟琳站在众人的目光中,倍感耻辱。

凯瑟琳这样的事情在你身上也发生过吗?我想很多人的答案是肯定的。在你倒霉的时候,任何一件小事都有可能让你情绪失控。不过,好消息是,你可以通过保持洞察的方式来阻止自己反应过激。

凯瑟琳可以尝试使用下面的方式来杜绝过激的反应:

- **了解自己的情绪**:凯瑟琳知道自己那天心情不好。她可以躲避自己那些喜欢恶作剧的朋友,晚一点再去打开自己的柜子;又或者,看到空的柜子后,她可以转身走开。

- **说出自己的情绪**:与其大动干戈,凯瑟琳不如直接告诉她的朋友们:"听着,我今天过得真的很糟,我没有心情搭理这些乱七八糟的。可以直接把书还给我吗?"

- **用幽默化解**:既然她的朋友们在开玩笑,凯瑟琳也可以顺着她们,说类似这样的话:"哈哈,好吧,真好玩,你们赢了。不过,我现在真的需要我的书,要不然我下节课就迟到了。"这种方式可能可以让她避免先前的一幕,直接拿回自己的书。

你需要做的

简单地形容一次你反应过激的情景。

_____
_____
_____

你当时在想什么?

_____
_____
_____

那件事的结果是什么?

_____
_____
_____

下次,当类似的事情发生的时候,你可以有怎样不同的反应?

_____

你还可以这样做

为什么增强对自己的想法和心情的觉察能帮助我们避免过激反应？

当你不断地有过激反应的时候，你觉得这会怎样影响自己和他人的关系？

因为反应过激，你有过哪些不好的后果？（比如说，你是否曾经因此失去了友谊，或者在学校受到了处罚？）

23 了解事实

你需要知道的

> 假设自己全然了解别人的想法和情绪是一种"滑坡谬误",会给你带来大麻烦。在动怒之前,对事情有充分的了解非常重要。

克莉斯对新来的同学科尔陷入了深深的单相思。当她告诉她的朋友丽莎她有多喜欢科尔的时候,丽莎问:"你要我给你牵线搭桥吗?""不!你什么也不要说!"克莉斯说。丽莎保证她会对这事闭口不提。

终于,午餐时间到了,克莉斯迫不及待地想要见到科尔。当她走进食堂的时候,她看到丽莎正在和科尔说话。他们看到食堂门口的克莉斯以后,一边微笑一边向她挥手。克莉斯恶狠狠地瞪了丽莎一眼。"怎么啦?"丽莎对克莉斯不出声地说。"你自己知道!"克莉斯用同样的方式回复道。克莉斯接着气冲冲地走到丽莎跟前,开始在所有人面前大声指责她。

在这个故事里,克莉斯的反应是基于她认为丽莎告诉了科尔自己的情感,但事实上,她并没有能够证明这个假设的信息。你是否曾经假设自己了解事情的走势,但其实根本没有线索?

当你发现自己在做这样的假设时,你可以做以下的尝试:

- 告诉自己:"停!"
  每次觉察到自己认为知道别人在想什么的时候,马上叫停。
- 正面联想。
  想一想你可能怎样误读了当下的情形。尝试从不同角度分析事态,而不是专注于你"认为"的"事实"。
- 明确不是每一个人的想法都与你相同。
  你想的可能和事实大相径庭。在冲动发火之前,搜集更多能帮助你判断的证据。
- 问一问自己:"我有没有草率判断?"

你可能没有掌握能够帮助你做决定的全部信息。你是否根据从其他人而不是与你有冲突的人那里接收到的信息在做出反应？
- 寻求真相。

  直接向你的冲突对象问清楚到底发生了什么。这样做，最糟能糟到哪儿去呢？

你需要做的

用上面的那些建议来改写克莉斯的故事。

_____

_____

_____

_____

_____

_____

_____

_____

你还可以这样做

在某个情况下,你是否做过一些错误的假设?简单地说一说事情的前因后果。

_____
_____
_____

当你发现自己错了以后,事情又有了怎样的发展?

_____
_____
_____

如果一开始你就搜集了所有的证据,没有草率行事,事情会有怎样的不同?

_____
_____
_____

24 "愤怒"情绪的发展阶段

你需要知道的

> 愤怒情绪会阶段性地累积。了解自己愤怒情绪的发展过程,你就可以学着更快地识别什么时候自己开始生气,并在事情变得无法收拾之前悬崖勒马。

艾利克斯的故事可以帮助我们了解愤怒情绪是怎样发展的。

1. 你的"愤怒按钮"被触发。

艾利克斯正在为一场重要的足球比赛做准备。他看了一眼表,现在是5点15分。他需要在15分钟内赶到比赛场地,可是没人能开车送他。"我的爸妈去哪儿了?"他想。他试着给爸爸妈妈打电话,可是一直无人接听。每一分钟,艾利克斯都在变得更加愤怒。

你能猜出来艾利克斯的"愤怒按钮"是什么吗？如果你猜是"迟到"，那么恭喜你，答对了！

2. 你的认知变得扭曲。

当艾利克斯焦急地等待父母到来的时候，他止不住地想，"等我到了以后，比赛肯定已经过半了，队友们一定很生我的气。我估计会被队里开除的"。

愤怒通常会扭曲我们的认知。你看艾利克斯一下子夸大了事情的厉害程度，他没有多想就直接假设了最糟的情况。其他一些常见的认知扭曲包括责备他人和误读信息。

3. 你的情绪占据主导权，你开始有冲动的行为。

艾利克斯的爸爸5:40分到家门口后按喇叭叫他出来。艾利克斯马上冲了出来，他的脸涨得通红，一把拍向爸爸的车。他瞪着爸爸大喊："我不能想象你竟然这么对我！我的教练一定会找我麻烦的，都是你的错！"

看一看艾利克斯的情绪是怎样控制他的行为的。他担心被踢出球队；他心怀对队员和教练的愧疚；他因为爸妈没有想到给他打电话而伤心。而最重要的是，他因为迟到而感到非常生气。

24 "愤怒"情绪的发展阶段

你需要做的

当艾利克斯的"愤怒按钮"被触发了以后,他的愤怒情绪很快蔓延开来。在下面的空格里,为他的故事写一个新的结局。他可以有怎样不同的想法?做出怎样不同的反应?

_____
_____
_____
_____
_____
_____

你还可以这样做

回想一个让你特别生气的场景。形容一下你的愤怒的几个发展阶段,圈出每个阶段的关键词。

第一阶段:你的"愤怒按钮"被触发。(是什么激起了你的愤怒?)

_____

_____

　　第二阶段：你的认知变得扭曲。（你是怎样误读了信息，责备了他人，又或者夸大了事情的厉害程度？）

_____

_____

　　第三阶段：你的情绪占据主导权，你开始有冲动的行为。(还有哪些其他的情绪伴随着你的愤怒？)

_____

_____

　　你觉得学习改变对愤怒的反应方式能带来最好的结果是怎样的？

_____

_____

25 感知

你需要知道的

> 你对每个情境的感知,即你认为正在发生的事情,会影响你的反应。通常,每个情境都有不止一种看法,但是当你正在愤怒的气头上时,很难做到退一步看清事态。

玛丽和凯西在电影院看电影。玛丽看到她们的朋友莎拉正坐在凯西暗恋的男孩罗安身边。莎拉和罗安两人头靠在一起,窃窃私语。玛丽不敢相信她看到的一切。莎拉和罗安在一起了吗?莎拉怎么可以做这样的事情?凯西就要过生日了,这是什么样的生日礼物啊!

凯西也看到莎拉和罗安在窃窃私语。"他们俩在做什么呢?"她想。"他们好像在策划些什么。唔,会不会和我的生日有关?"

玛丽和凯西看到了同样的场景,但是有不同的结论。这样的事情,在你身上发生过吗?

你需要做的

这杯水,你看到的是一半空,还是一半满呢?改变对事情的看法能改变你的行为。在左边,写下你对事物的一些消极的看法;在右边,对于同一件事,写下更积极的想法。

消极想法
我的朋友没有给我打电话。她一定生我气了。

_____
_____
_____

积极想法
她可能正忙着。我过会儿给她打电话。

_____
_____
_____

你还可以这样做

看一看下面的图片,如果有可能,找一位朋友和你一起做下面的活动。

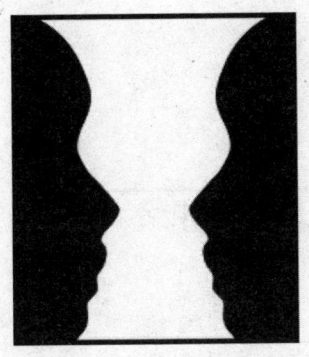 

在左边的图片里,你看到一个花瓶还是两个侧脸?在右边的图片里,你看到一个年轻的姑娘还是一个老妇人?如果你两个都能看到,注意你先看到的是哪一个。把这些图片拿给一个朋友看。你们看到的是同样的东西吗?如果不是,这意味着你们其中一人错了吗?

就像这些图片一样,生活中有很多事情都有多面性。通常,我们指责别人错了只是因为他们没有从我们的视角看问题,要是我们能在冲动地做出反应之前看清事物的多面性,该有多好!

26 权衡行为选择的利弊

你需要知道的

> 我们每天所要做的决定难易程度不同。有的决定你根本不需要进行太多的思考，而有的决定给我们带来很大的压力。一件可以肯定的事是：在愤怒下做出的决定，通常是冲动且没有好结果的。这就是为什么在行动之前权衡利弊非常重要。

在一生之中，你会做出无数决定。有的决定微不足道：比如说穿什么衣服去跳舞，或是看哪部电影。有的决定事关重大：你最好的朋友喝醉了，你要不要坐他开的车？你要不要跟一个长相帅气但是名声不好的男孩子约会？

当你愤怒的时候，做出一个好的决定会变得艰难许多。

通过养成先思考后行动的习惯，你可以学会怎么样做出考虑周全的决定，而不是冲动行事。

你需要做的

杰瑞米的几个朋友告诉他，一个叫科迪的家伙想在放学以后跟他打一架。科迪很早就开始说杰瑞米的坏话，而杰瑞米也觉得自己已经受够了。他想一次解决这个问题，但是他不确定是否要通过打架的方式。在他做出选择之前，他列出了自己行为的利弊。他的清单里有下面这些条目：

- 我可能会被学校开除。
- 我可能会被起诉。
- 我可能会让科迪受很重的伤。
- 我的父母再也不会让我出门。
- 科迪可能会使我受伤。
- 让科迪从此以后闭嘴会让我觉得很爽。
- 科迪以后不再跟我捣乱。
- 其他人会疏远我。

下面请你帮助杰瑞米权衡一下利弊，还要不要打架？把他列下的利弊填在下面的表格里。

打架的坏处	打架的好处

你觉得杰瑞米应该做一个怎样的决定呢？为什么？

_____

_____

你还可以这样做

想一个你需要做的决定，写下这个决定是什么，然后来权衡一下利弊吧。

需要做的决定	
决定：	
坏处	好处

每当你要做决定的时候，列出各种选择带来的所有利弊，这样能帮你更清晰地找到答案。

27 调节愤怒的 ABC 模型

你需要知道的

> 改变你对受挫情境的想法能帮助你控制自己的愤怒情绪。一些心理咨询师会用一个叫做"ABC 模型"的简单方法来教人们改变他们在情境中的想法。

"ABC 模型"是这样的:

A = Activating event,即让你愤怒的事件。

期末论文写到一半,你停下来休息了一小会儿。在你离开电脑的时候,你的弟弟过来查看他的个人主页。突然房间里的灯都灭了,你回来的时候发现,之前一个小时的工作都白干了。

B = Beliefs about the event,即关于事件的看法。

我们对事件的看法可以是理性的,也可以是非理性的。理性的看法是对事件精准的解释,比如,"我的之前的成果没了，因为断电了"。非理性的看法是我们之前探索过的一些认知扭曲，比如：

- 都是他的错！（责备他人，而不是为自己的行为负责，见活动21）
- 就算我还能写完，我也很可能会不及格！（过于悲观地判断，见活动22）
- 他总是给我捣乱！（草率假设而不是了解事实接近真相，见活动23）

C = Consequences，即结果。

你把书向弟弟砸过去。你对他大吼大叫，告诉他你恨他，你恨不得他没有出生！

下一步是来检验你对事情的看法，看看它们是否是理性的。如果不是，你可以做接下来的几步：

1. 质疑你的看法

思考："也许这是一个意外，他也不能掌控电力。我应该在离开前先保存一下我的文档。他甚至可能不知道我在用电脑。"

2. 为避免今后发生类似的情况而设定目标

决定："我希望可以最好地保护我的工作成果，还希望和我的弟弟保持良好的关系。"

3. 为达到目标制订一个计划

计划："我会在电脑里设定自动保存。我会告诉别人我正在做很重要的工作。我会向我弟弟为之前冲动的行为道歉。"

你需要做的

现在，是你实践"ABC 模型"的时候了。回想一个最近让你生气的情景，使用这个模型来帮助你整理你的思考和行为。

让你愤怒的事件是什么？

_____
_____
_____

关于这件事，你有哪些非理性的看法？

_____
_____
_____

这些看法带来了哪些结果？

_____
_____
_____

你可以怎样质疑这些非理性的看法？

_____

_____

为避免今后发生类似的情况，你可以设定哪些目标？

_____

_____

_____

为实现目标制订一个计划。

_____

_____

你还可以这样做

下次，你再发现自己生气的时候，可以用"ABC模型"来帮助自己更好地处理事件。这个模型能让你从不同的角度看待问题，改变非理性的看法。你可以通过把模型的步骤写在一张小卡片上来提醒自己。把这张卡片放在一个触手可及的地方以备不时之需。很快你就会发现，你不需要提醒就能很顺利地使用这个模型了。

28 处理冲突

你需要知道的

> 一些反应能让你化解冲突，而另一些反应只会让情况越来越糟。了解自己的行事方式可以帮助你学会做出积极的反应。因为每个人对冲突的反应都不同，所以了解别人的行事方式也对你很有帮助。

下面是一些常见的冲突对应方式：

竞争型：要么你说了算，要么离开。不管付出什么代价，你一定要赢。你喜欢责怪他人。你永远是对的。无论如何，你都要掌握最终话语权！

受气型：你总让别人捉弄你。拒绝别人从来不是一件容易的事情。你就是四处被欺负的受气包。这让你愤怒！但是，你绝不会说什么，也不会做什么，因为你不想让别人生你的气。

死扛型：遇到任何苦恼，你都喜欢一个人死扛。你千方百计地希望回避冲突，哪怕整个情况有多么让你愤怒。你告诉自己，什么事情你都做不了。你很少为所面临的问题寻求解决方案。你只是把一切都默默埋在心底。不用说，你有不少未解的心事。

协作型：与人发生冲突的时候，你把注意力放在发生的事情上，而不是盲目地攻击对方。你会通过折中妥协的方式来解决冲突。在无法妥协的事情上，你不会拘泥于对错，而是在保留自己意见的同时尊重对方。

你能猜到哪种行事方式最有效吗？如果你猜的是协作型，那么恭喜你，答对了！协作型的人会先尝试对事情进行了解，再做出反应。通过使用良好的倾听和沟通技巧，他们更有可能让别人来聆听他们的感受，从而有效地化解冲突。

你需要做的

阅读下面的例子，判断他们依次对应哪种冲突方式。在空格中填写你的答案。正确答案在本108页右下角。

1. 对于简来说,数学一直是她的心头大患。她经常听不懂课,也不会做作业。现在,她的爸爸因为她的数学成绩而批评她。"你实在没有理由考这么差,简。我受够了总是接到你的数学老师的电话。你还有什么要说的?"他大声说道。简希望能告诉爸爸对她来说数学有多难,但是她害怕爸爸听后会更生气!"我没有什么要说的,爸爸,我会更努力的。我可以回房间了吗?我还有作业要做。"她回答道。就这样,简很快地回到了自己的房间。她一进门就赶紧把门关上。她靠着门,在心里念着,"啊,他真让我生气!"_____

2. 迈特最好的朋友雅各布这次狠狠地伤害了他。迈特跟雅各布说了好几个月他非常喜欢艾美莉。雅各布怎么可以还叫艾美莉出来约会?迈特很生气,但是他也很担心要是他对雅各布说了什么,就会失去自己最好的朋友。也许这一切都不值得被提起。反正艾美莉和雅各布在一起可能会比和自己在一起更好。_____

3. 凯莉发现妈妈正在偷看自己的日记。"妈妈怎么可以这么做?"凯莉深呼吸了一口,然后说:"妈妈,你为什么读我的日记?这让我觉得你不信任我,我很伤心。"凯莉和妈妈接着一起探讨了有关隐私和信任的话题。在她们对话的结尾,妈妈同意以后会尊重凯莉的私人

空间。作为回报，凯莉也同意以后会多跟妈妈分享自己的生活。_____

4. 塔拉和嘉敏正为她们的购物计划热烈地讨论着。嘉敏想邀请新来的女生和她们一起去，但是塔拉希望只有她们两人。就在午休结束的铃声响起的时候，塔拉起身转过头对嘉敏说："你真是个老好人！"嘉敏这下被激怒了。她冲着塔拉大嚷："就算是吧，那你呢？你就是一个势利小人！"在塔拉还嘴以前，她气冲冲地扬长而去。_____

接下来，在刚刚竞争型、受气型和死扛型的例子中选一个，用协作型会使用的对应方式改写故事。

_____
_____
_____
_____
_____
_____
_____

1. 死扛型；2. 受气型；3. 协作型；4. 竞争型。

你还可以这样做

想一想，通常你是如何应对冲突的。根据使用频率1～4来给各种应对方式排序（1 = 最常用，4 = 最不常用）。

_____竞争型

_____受气型

_____死扛型

_____协作型

如果你还有不同的应对冲突的方法，请在这里写下来。

_____

_____

_____

问一问身边熟悉你的人，在他们的印象里，你是如何应对冲突的？把他们的回答记录在这里。他们的答案和你之前的自我测评相符吗？

_____

_____

_____

说一说你最近的一个冲突。你可以怎么用协作型的行事方式来处理这件事呢？

_____

_____

_____

29 使用"我信息"

你需要知道的

> "我信息"[注]能够帮助你在不责怪别人的情况下表达自己的情绪。学会使用"我信息"而不是"你信息",能让你很快地提升自己的沟通技巧。

"你信息"把注意力放在别人的所作所为上,容易让他们觉得受到了人身攻击。这些句子常常有"应该""总是""必须""从不"这类的词语,让听者马上想进入一个防御模式。当你开始指责别人的时候,他们倾向于不再愿意倾听你,而开始专注于怎么回击你的责备。

[注] 即以"我"为主语的表达,是一种积极正面的陈述;相反,"你信息"以"你"为主语,通常容易含有指责。——译者注

"我信息"会告诉对方你当下的感受，是对方的什么行为让你有那样的感受，以及你为什么会有这样的感受。使用"我信息"而不是"你信息"，可以缓解冲突中的紧张气氛。因为对方自我防御的倾向性相对较小，所以你们可以更好地沟通协商，来为这个引发愤怒的情景寻求一个好的解决办法。

下面有两个例子：

1. 原来每天和你一起吃午餐的朋友，整个这个星期都坐到了别的地方，这让你很生气。

"你信息"：你总是不理我！

"我信息"：我觉得伤心，你不和我一起吃午餐，让我觉得你不想再和我做朋友了。

2. 你尝试跟你的朋友倾诉一些在家里遇到的烦恼，可是她时不时地在回短信。

"你信息"：你从来都不听我说话！

"我信息"：我觉得生气，因为你在我跟你说话的时候一直在回短信，这让我觉得你不在乎我说的话。

哪一种表达方式会让你更愿意倾听呢？

你需要做的

现在，你要试着使用这些不同的表达方式。在每一个情景里，先写下你会怎样用"你信息"回复，然后再试着用更有效的"我信息"回复。

坐在你身后的同学在课上一直用铅笔敲打桌子。
"你信息"：你_____。
"我信息"：我觉得_____，因为当你_____的时候，让我觉得_____。

你的朋友告诉了全班你的暗恋对象，让你觉得特别羞愧。
"你信息"：你_____。
"我信息"：我觉得_____，因为当你_____的时候，让我觉得_____。

你的小组今天要向全班展示你们的报告了，但你发现自己是唯一做了准备的人。
"你信息"：你_____。
"我信息"：我觉得_____，因为当你_____的时候，让我觉得_____。

你一直在家做卫生，只是还没有清理到自己的房间。妈妈下班回家，指责你什么都没做。
"你信息"：你_____。

"我信息"：我觉得_____，因为当你_____的时候，让我觉得_____。

你在走廊里被一个同学故意绊了一跤。
"你信息"：你_____。
"我信息"：我觉得_____，因为当你_____的时候，让我觉得_____。

你还可以这样做

在一周内，记录下你使用"你信息"的次数。观察一下其中是不是夹杂着"应该""总是""必须"，或者"从不"这样的字眼。在下面的表格里，通过画正字统计一下你每天使用"你信息"和防御性词语的次数。

	"你信息"	应该	总是	必须	从不
星期一					
星期二					
星期三					
星期四					
星期五					
星期六					
星期日					
总数					

29 使用"我信息"

把总数加起来,你发现哪种句型你使用得最为频繁?
_____
_____

现在你对自己的表达方式已经有了更深入的了解,你会做出怎样的改变呢?
_____
_____
_____

30 认真倾听

你需要知道的

> 通过使用"我信息"来表达自己的情绪,并培养良好的倾听能力,你可以更好地理解对方的情绪,化解那些激起愤怒的情境。

沟通是处理愤怒情绪的关键一步,而倾听是沟通的核心之一。认真倾听可以帮助你与惹你生气的人建立连接,更好地理解彼此。

好的倾听者有以下这些共性:

- 他们全神贯注地倾听对方说话。
- 他们保持目光接触。
- 他们在恰当的时机点头或者微笑,表示自己感兴趣。

- 他们会通过用自己的话重述的方式来确定自己完全理解了对方的意思。比如,一个好的倾听者可能会说:"你的意思是……吗?"
- 他们不会打断对方说话。
- 有不清楚的地方,他们会在对方说完后提问搞清楚。

你需要做的

回想一次你是一名好的倾听者的情景。

那时候,对方在说什么?

_____

_____

你做了什么来告诉对方你在倾听?

_____

_____

对方是怎样回应的?

_____

_____

_____

现在，回想一次别人是一名好的倾听者的情景。
那时候，你在说什么？

_____

_____

你怎么知道对方在认真倾听？

_____

_____

被认真倾听是一种怎样的感觉？

_____

_____

认真倾听可以怎样帮助化解愤怒？

_____

_____

你还可以这样做

有多少次，你是真的在认真倾听他人？练习认真倾听的一个好方法是从倾听自己的一个好朋友开始。下次你和朋友相处的时候，问他一个问题，然后开始认真倾听。

你认真倾听了吗？　　　　　　　　□ 是　□ 否

如果是，你使用了我们之前提到的哪些建议？

_____

_____

_____

如果否，你的哪些行为表现出你没有在认真倾听？

_____

_____

_____

在今后，你会做出怎样的改变？

_____

_____

_____

31 赞美他人

你需要知道的

> 赞美他人会让大多数人的内心觉得愉悦。另一方面，打压他人有可能让人觉得非常讨厌，而且经常引发愤怒。

阿曼达正高兴地享受着她的体操课，甚至开始唱歌。吉安娜今天心情很糟，她很快就受够了阿曼达的歌声，喊道："嗨，你根本不会唱歌！你听听自己的声音！说你会唱歌的都是聋子！赶快闭嘴吧！"

你觉得在一番语言羞辱后，阿曼达的心情如何？她恐怕会觉得难堪和受伤，或许还有一点愤怒。我们很容易用语言中伤他人。但是，你试过用积极的语言赞扬他人吗？你会得到截然不同的反应。当人们赞美你时，比如，"你今天看起很精神！"或者"你的鞋真好看！"，你是不是感觉很好？你也可以对他人做同样的事情。

你需要做的

给每一句你可以用来赞美别人的话画一个"√"，给每一句打压别人的话画一个"×"。

- ☐ 你的帮助至关重要。
- ☐ 我为你感到骄傲。
- ☐ 这真是太蠢了！
- ☐ 你什么事都做不对。
- ☐ 你做得棒极了！
- ☐ 你考得真好。
- ☐ 你能把什么都搞砸。
- ☐ 你真是太好了。
- ☐ 少了你，这件事我是没法完成的。
- ☐ 你真懒。
- ☐ 我受不了听你说话了！
- ☐ 你没救了。
- ☐ 你真是个好伙伴。
- ☐ 你总是能很好地倾听。

☐ 你像个怨妇一样!
☐ 我什么都不能跟你说。
☐ 你特别值得信任。
☐ 你是书呆子。

你还可以这样做

回想一下别人说过的让你自我感觉良好的话,把它们写在下面的对话框中。

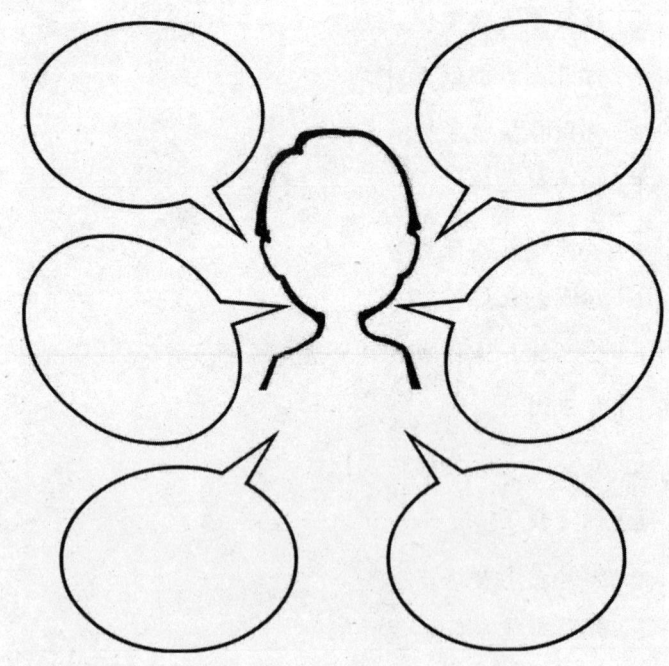

32 身体语言

你需要知道的

> 语言不是人们沟通的唯一方式。事实上,研究发现,我们大部分的沟通根本没有用到语言!

不用语言就能沟通这个想法可能有点奇怪,但它切实存在。人与人之间大部分的沟通都不是通过语言,而是通过身体。你的身体语言由你的动作、表情、姿势,甚至语调组成。这种语言能让别人了解你的感受。

下面是一些人们常用的通过身体语言表达负面情绪的方式:

- 翻白眼
- 堵住耳朵
- 双手交叉抱在胸前
- 瞪眼
- 叹气
- 握拳

- 咬嘴唇
- 磨牙
- 不耐烦地用脚打拍子
- 对别人指手画脚

不是所有的身体语言都表达负面情绪。以下是一些身体语言表达正面情绪的例子：

- 挥手问好
- 微笑
- 拥抱
- 飞吻
- 轻轻拍别人的背
- 鼓掌
- 伸大拇指点赞
- 点头表示同意

你需要做的

记录一下一天内你身边的非言语沟通方式。写下你观察到的身体语言、它发生的场合，以及你认为它所传达的信息。

身体语言	事情经过	信息

你还可以这样做

　　身体语言有时会被误读。比方说，你可能会认为那个对你做鬼脸、翻白眼的男孩在嘲笑你。但是事实或许是他正在努力地戴隐形眼镜。又或者，你认为那个在不停搓手的女孩可能是觉得冷或是担心，但其实她只是在涂护手霜。所以，当你不确定对方给你传达的信息的时候，你最好直接去问一问他的意图。

　　你是否曾经误读过别人的身体语言？请描述事情的前因后果。

_____

_____

_____

　　别人是否曾经误读过你的身体语言？请描述事情的前因后果。

_____

_____

_____

33 清晰地沟通

你需要知道的

> 愤怒通常是信息误传误读的结果。在行动前先确保自己掌握了所有需要的信息,试着从对方的角度看问题,向对方说明自己的感受都是控制愤怒情绪重要的步骤。

信息误传发生在当人们没有清晰地表达自己的想法的时候。这里有一个例子:

荷西告诉罗伯特,星期五晚上他也会去足球比赛,所以他的父母可以送罗伯特回家。罗伯特于是跟自己的父母说好只用去送他而不用来接他了,因为比赛结束后,荷西的父母会送他回家。

星期五,在热身的时候,荷西从看台上向罗伯特喊到今天晚上他不会去比赛了。罗伯特并没有听清荷西说什么，但是他还是向荷西挥了挥手。那天晚上，罗伯特去了比赛，比赛结束后，他四处在找荷西。他给荷西发了短信又留了言，但是任何回复也没有得到。罗伯特最终放弃了，他给已经外出的父母打了电话，让他们来接他。

当荷西星期六给罗伯特回电话的时候，罗伯特愤怒地大喊："你去哪儿了，哥们儿！我得把我爸妈叫过来接我，他们气坏了！他们事先做了别的安排就因为你告诉我你爸妈能送我回家。"荷西回答道："我在热身的时候告诉你我不能去了。你向我挥了挥手，我以为一切都安排妥当了。"

这是一个经典的例子，要是荷西和罗伯特面对面地交流过，就不会出现信息的误传。

信息误读发生在当我们没有所有的信息，想要填补信息空缺，又解读错误的时候。下面这个例子告诉我们，信息误读会带来怎样的后果。

艾利克夏迫不及待地想要告诉维多利亚这个振奋人心的消息：她刚被选上代表学校参加一个州际的比赛。当她走进数学课的教室的时候，她冲到维多利亚旁边的座位上坐下。当乔伊进教室的时候，他发现艾利克夏坐了他的位子。"她总是跟我过不去，"乔伊暗自想，"她知道这是我的座位！"于是乔伊大声说道："快走开！"

"就一分钟。"艾利克夏回应了一声。"不行，就现在！你要不走，我就要赶你走了！"乔伊反驳道。"放松一点，我说了，就一分钟。"艾利克夏说完又继续跟维多利亚小声耳语。此时，乔伊变得越来越生气。他俯身猛地推了一把艾利克夏——然后就进了校长办公室。

你是否曾经误读过一个事件，然后惹了不小的麻烦？信息误读可以是一张能困住你的网。注意不要在没有事实根据的情况下，为别人的行为动机做假设。如果你解读错了，就是作茧自缚。

你需要做的

写下一次你被信息误传误读的大网困住的经历。

_____

_____

_____

在当时的情况下，你如何才能冲出这张大网的束缚？比方说，你是否可以在行动前搜集到所有的信息？不确定的时候，你是否可以问一些问题来澄清？

你还可以这样做

下面是一个有趣的游戏来帮助你理解误传是怎么发生的。你需要找一群朋友来和你一起玩这个游戏（人越多越好）。你向名单上第一个人提供原始信息，并让他们一一传递下去，传递过程完成之后，让名单上的最后一个人向你反馈他听到了什么信息。你可以用短信、电话、电子邮件、博客或者其他任意一种交流方式。不要忘了告诉你的朋友们，这只是一个游戏！

写下你一开始想要传递的语句。

写下你最后得到的语句。

这个信息发生了怎样的改变？

你觉得这个游戏有怎样的现实意义？

34 学会自信果敢

你需要知道的

> 自信果敢意味着你可以勇敢地维护自己的权益,在表达你的感受的同时做到不伤害别人的感情或侵犯他们的权益。做一个自信果敢的人,而不是被动顺从或者积极主动的人,是与他人保持良好关系最好的方式。

在人与人交往的过程中,有的人消极被动,有的人积极主动,而那些最被喜爱的通常是自信果敢的人。假设你听说你的一群朋友周五晚上要去看电影,而你没有被邀请,但是很想去。下面三种不同的反应可以让你认识到各种交流方式的不同。

被动顺从的:星期五晚上我没什么事,你们有什么活动安排吗?

过于主动的：好啊好啊！我一定会去的！什么时候？在哪儿？

自信果敢的：我想和你们一起去看电影。可以吗？

自信果敢意味着

- 你在勇敢地为自己的权益发声的同时，也尊重别人的权益。
- 平静而清楚地表达自己的感受。
- 自信。
- 不让别人把他们的感受和想法强加给你。
- 能够说"不"。

你需要做的

仔细阅读下面的情景。划出你认为杰瑞米使用不妥的行为和语言。重写这个故事，这次杰瑞米是一个自信果敢的人。这里有一些例子，比如说，杰瑞米可以要求下课后和老师谈话，或者在他的情绪被激化之前就和老师交流，或者去找学校的心理辅导老师，又或者要求父母和老师见面，你还能想到别的方法吗？

杰瑞米特别痛恨数学课。在他看来，不管他做什么，斯特瓦特老师总是跟他过不去。一天早上,他举手要回答一个问题。斯特瓦特老师环顾四周,然后叫了另一个同学回答。杰瑞米翻了个白眼,重重地叹了一口气。又过了一会儿,他开始侧过身跟后排的一个女同学讲话。斯特瓦特老师严肃地说:"杰瑞米,我受够了你不停地打断我的讲课。你今天放学后要留下来接受惩罚。"杰瑞米猛地拍了一下桌子,大喊:"这不公平!不管我做什么,你总是跟我过不去!"

_____

_____

_____

_____

_____

_____

你还可以这样做

下面这些问题能帮助你了解自己有多自信果敢。

你会主动地说出自己的观点,哪怕和别

人不一样吗？	□是	□否
当你不清楚的时候，你会通过提问弄清楚吗？	□是	□否
当你不想做一件事情的时候，你可以没有负罪感地说"不"吗？	□是	□否
当别人企图占你便宜的时候，你可以起身维护自己的权益吗？	□是	□否
你会直面难题而不是回避它们吗？	□是	□否
你可以心平气和地接受批评吗？	□是	□否
你可以表达自己的感受，同时以开放的心态接受别人的感受吗？	□是	□否

如果你有三个以上的"否"，我们建议你回顾一下之前的几个章节：

29. 使用"我信息"

30. 认真倾听

32. 身体语言

33. 清晰地沟通

记住，你有权利表达自己的感受，你有权利说"不"，你有权利为真理发声，你有权利持反对意见，你有权利做自己！你越是练习让自己自信果敢，它就越容易做到。

35 迈开改变的步伐

你需要知道的

> 在你一生中，总有一些需要改变的地方。改变自己不是一件容易的事情。这需要时间、精力，还有动力。但是，你可以做到！

你在愤怒时的反应可以改变，如果你能：

- 意识到你的愤怒情绪是一个问题。
- 积极探索各种改变应对愤怒情绪的方法。
- 不断练习你所学习到的技能。

需要多长时间才能改变你在愤怒时的反应呢？一些专家说，从一个非常易怒的人变成一个一般易怒的人差不多需要10周的时间。所以，不要心急。而且，很重要的是，你要明白有的时候你还会在愤怒时使用过去的处理方式。

当那样的事情发生的时候，不要气馁，重新回顾你的目标，再次加强你达到目标的决心。

你需要做的

回顾第 3 节"制订你的目标和行动方案"，看一看那时候你为自己定下的目标。重新写下这些目标和行动方案，并记录下你的进展。

长期目标：

_____

_____

行动方案：

1. _____
2. _____
3. _____

为了达到你的长期目标，你都采取了哪些行动？

_____

_____

_____

如果你还没有达到你的目标，你觉得在哪些地方还可以做更多的努力？

_____

_____

_____

短期目标：

_____

_____

_____

行动方案：

1. _____
2. _____
3. _____

为了达到你的短期目标，你都采取了哪些行动？

_____

_____

_____

如果你还没有达到你的目标，你觉得在哪些地方还可以做更多的努力？

_____

_____

_____

你还可以这样做

当我发现自己开始愤怒的时候，我可以：

1. _____
2. _____
3. _____
4. _____
5. _____

这些人可以帮助我管理我的愤怒情绪：

1. _____
2. _____
3. _____
4. _____
5. _____

我会竭尽全力不去做：

_____

_____

_____

35 迈开改变的步伐

关于管理愤怒情绪，我学到的最重要的一课是：

_____

_____

_____

你写下的这些答案就好像是记录你学习旅程的一张照片，你可以看到自己有了怎样的改变。恭喜你！

36 回顾进展

你需要知道的

当你最初翻开这本书的时候,你正被自己的愤怒情绪所困扰。通过完成书中的活动练习,你学习到了不少管理愤怒情绪的方法。

现在,你估计已经看到了自身的变化,而你身边的人也同样意识到了你的改变。你学习到的这些并不会让你永远不再体验到愤怒的滋味,但是你所学的会让你更好地管理自己的愤怒情绪。来,一起看看你学了多少吧!

你需要做的

针对下面的语句,请选择最切合你自身情况的一个数字。

我改善了自己愤怒时的反应。

1	2	3	4	5
强烈反对	反对	中立	同意	强烈同意

我对愤怒情绪有了更好的控制。

1	2	3	4	5
强烈反对	反对	中立	同意	强烈同意

一般来说，我变得非常愤怒的频率是：

1	2	3	4	5
每天	几天一次	一周一次	两周一次	一月一次

仔细阅读下面的语句，结合自身情况，选择"是"或"否"。

人们发现我处理问题的方式和从前不同。　□是　□否

我学会了在感觉挫败时处理情绪的不同方式。
　　　　　　　　　　　　　　　　　　　　□是　□否

在愤怒的时候，我会寻求他人的帮助。　　□是　□否

我知道我有能力改变那些让我愤怒的情景。□是　□否

自从我开始学习更好地管理愤怒情绪，
我再也没有打过人。　　　　　　　　　　□是　□否

你得分越高，选择的"是"越多，意味着"愤怒"情绪对你的生活影响越小。

你还可以这样做

回顾第 1 节你的"愤怒"画像，比较一下之前的和现在的回答。

在哪些方面，你有进步？
_____
_____
_____

在哪些方面，你觉得自己还可以做得更好？
_____
_____
_____

37 成就证书

恭喜，你做到了！你完成了这本书上所有的练习，因而认识到：

- 你愤怒的模样以及它对你的影响。
- 什么是激怒你的缘由。
- 你的家庭在你处理愤怒情绪中扮演的角色。
- 你在愤怒时的生理反应。
- 愤怒可以是一股积极的力量。
- 如何放松来化解你的愤怒。
- 如何改变你对事情的看法。
- 好的沟通方式。
- 你可以改变。

为了庆祝你的成就，请复印下一页的证书并填写完整。把这张证书挂在一个你能经常看到的地方吧！

成 就 证 书

_____同学：

在____年____月____日完成了《情绪自控力：青少年战胜愤怒的行动计划》一书中所有的活动练习。

特发此证，以资鼓励！

你每生气一分钟，就失去了60秒的快乐。
——拉夫尔·沃尔多·爱默生